A HISTORICAL CHRESTOMATHY OF THE RUSSIAN LANGUAGE

A HISTORICAL CHRESTOMATHY OF THE RUSSIAN LANGUAGE

COMPILED AND EDITED BY
OLEG A. MASLENIKOV

BERKELEY AND LOS ANGELES, 1950
UNIVERSITY OF CALIFORNIA PRESS

University of California Press, Berkeley and Los Angeles, California
Cambridge University Press, London, England
Copyright, 1950, by the Regents of the University of California

PREFACE

The present publication aims to provide advanced students of the Russian language with a text of modest examples illustrating the historical development of modern Russian. For that reason the chrestomathy combines samples of Russified Old Church Slavic (Old Bulgarian) with those of the chancery language and of the vulgate; all three elements are found in the literary Russian of today. The selections furthermore include a number of regional texts: from Pskov, from Novgorod, from Galich, so as to illustrate the dialectal factors that have influenced the evolution of modern Russian.

As a matter of principle the editor has avoided presenting unconnected fragments of a work; and, with a few exceptions, has chosen either a document in its entirety or a logical unit of a longer work, even at the expense of sacrificing some illustrative material. The limited scope of the present edition has also necessitated the omission of many a worthy example of Old Russian literature.

The chrestomathy does not claim literary excellence; it seeks to exemplify the evolution of the Russian language from the eleventh through the seventeenth century. It reproduces, wherever possible, certain peculiarities of the original spelling, abbreviation, and accentuation. In one respect, however, it has deviated from the original texts; for the benefit of modern readers, it has followed the accepted procedure of separating words one from another, rather than printing them in solid unbroken lines, as they frequently occur in the manuscripts.

Most of the selections have been based on paleographic editions and have been verified, wherever possible, against photographic reproductions of original manuscripts. In the Table of Contents such verified selections are designated: ⚭. Texts of which neither photographs nor paleographic reproductions were available are marked: °°. The material is arranged in chronological order according to the date of the manuscript copy used, rather than according to the presumed original date of writing. For the sake of convenience, the titles appear in modern spelling.

The limited size of the present chrestomathy precludes any suggestion of its replacing such textbooks as Buslaev, <u>Russkaia khrestomatiia</u>, or Obnorskii and Barkhudarov, <u>Khrestomatiia po istorii russkogo iazyka</u>. In this country Buslaev is now a bibliographical rarity and Obnorskii is unavailable in sufficient numbers to serve as a practical textbook for a course devoted to the historical grammar of Russian.

A critical commentary to these Old Russian texts, together with a vocabulary, is in preparation. A chrestomathy exemplifying modern Russian dialects will follow later.

Oleg A. Maslenikov
Berkeley, 1950.

СОДЕРЖАНИЕ

		стр.
XI ВЕК	1) Из Остромирова евангелия (ОБ 11,13; НК 87-88,97)	1
	2) Из Сборника Святослава 1076 г. (ОБ 22-23; НК 143-145,149)	3
XII ВЕК	※3) Грамота в.к. Мстислава Володимировича и его сына Всеволода (ок.1130 г.) (БИХ 345-347; ОБ 27; ИзАН X(1863), прил.)	5
	4) Из Жития Феодосия Печерского (ЧтОИДрР 1879:1,29-31)	5
XIII ВЕК	5) Из договорной грамоты Смоленского князя Мстислава Давидовича с Ригою и Готским берегом (1229 г.) (БИХ 349-352; ОБ 29-31; СГГД II(1819),1-2)	7
	※6) Из Русской Правды по списку 1282 г. (РПр, доп., лл 615-616)	9
	7) Из Пролога сев.-рус. редакции (конца XIII - нач. XIV вв.) Об убиении св. муч. Глеба. (ЧтОИДрР 1915:3:ii,29-30)	9
	8) Договор Тверского князя Михаила Ярославича с новгородцами (ОБ 47; СГГД, I/1813/,1)	11
XIV ВЕК	9) Духовная грамота Московского князя Ивана Даниловича Калиты (ОБ 64-67; СГГД I,31-32)	11
	10) Из I Новгородской летописи, по Синодальному списку (ок. 1330 г.) (ОБ 53-54; ПСРЛ III,16)	13
	11) Из Поучения Владимира Мономаха (ОБ 96-99; ПСРЛ I,100-107; ЛПЛС 232-238)	14
	12) Послесловие из Суздальской летописи, по Лаврентьевскому списку (1377 г.) (ОБ 107; ПСРЛ I,209; ЛПЛС 463-464)	16
XV ВЕК	°°13) Из Галицко-Волынской Летописи, по списку Ипатьевской летописи (ПСРЛ II,196; ЛПИС 558-559)	17
	※14) Слово о погибели русской земли, по изд. Хр. Лопарева (ПДП I XXIV /1892/)	18
	15) Грамота Псковского князя Ивана Александровича (1463-1465 г.) (ИОРЯС XVII:3,349-350; ОБ 131-132)	19
	※16) Задонщина, по списку Кирилло-Белозерского монастыря, 1480 г. (СбОРЯС C:2,19-34)	20
XVI ВЕК	17) Из сокращенной Новгородской летописи, по Супрасльской рукописи (СР 113-114).	23

°°18)	Письмо в.кн. Василия Ивановича жене, княгине Елене Васильевне (1530-1532 г.) (БИХ 734-735; ДрРВ III/1788/,99-100)	24
19)	Из Домостроя Сильвестра, изд. под ред. А.С. Орлова (ЧтОИДрР 1908:2,14-15)	24
°°20)	Грамота царя Ивана Васильевича князю Андрею Курбскому (1577 г.) (РИБ XXXI,117-124)	25
°°21)	Челобитная боярина Богдана Сабурова царю Ивану Васильевичу (1579 г.) (АЮБ III/1884/,470)	28
⊗⊗22)	Из Псковской судной грамоты, XVI века (ОБ 152-153)	28

XVII ВЕК

°°23)	Письмо Ксении Борисовны (Ольги) Годуновой Тетке (1609 г.) (БИХ 1041-1042; АИ II/1841/,212-213)	29
°°24)	Письмо служительницы Ксении Годуновой, Соломониды Ржевской, своей матери (1609 г.) (АИ II,213)	29
°°25)	Письмо Инокини Марфы патриарху Филарету (1620) (БИХ 1045-1046)	30
26)	Из книги Номоканон, по изд. 1624 г. (БИХ 1101-1105)	30
°°27)	Росписка в приеме стрелецкого хлеба (1639 г.) (ЧтОИДрР 1909:4:iv:12)	32
28)	Из Уложения царя Алексея Михаиловича (1649 г.)	33
°°29)	Из сочинения Гр. Котошихина О России в царствование Алексея Михаиловича (1666-1667 г.) (Кот 166-168)	35
°°30)	Письмо протопопа Аввакума боярыне Ф.П. Морозовой (1668-1669 г.) (ЛЗАК XXIV/1912/:2, 42-43)	36
31)	О цыганехъ, из рукописного сборника Проф. Тихонравова (БИХ 1437-1438)	37
°°32)	Письмо кн. В.В. Голицыну, от матери (ок.1677г.) (ВОИДрР XIII/1852/30-32)	37
°°33)	Письмо емуже, от жены (ВОИДрР XIII/1852/30)	39
°°34)	Доклад сына боярского Гр. Пушина о Тунгусах (1684 г.) (ДАИ XI/1869/,23-24)	39

°°35) Челобитная грамота (1689 г.) 40
  (АЮБ III,484-485)

36) Письмо царя Петра Алексеевича матери (1698 г.) 41
  (ПБИПВ I/1887/,15-16)

°°37) Ответное письмо царицы Натальи Кирилловны 41
  (ПБИПВ I,490)

БИБЛИОГРАФИЯ И УСЛОВНЫЕ СОКРАЩЕНИЯ

АИ	Археографическая комиссия. Акты исторические. Спб.
АЮБ	Археографическая комиссия. Акты, относящиеся до юридического быта древней России. Спб.
БИХ	Буслаев, Ф. Историческая христоматия церковно-славянского и древне-русского языков. М. 1861.
ВОИДрР	Общество истории и древностей российских при Московском университете. Временник. М.
ДАИ	Археографическая комиссия. Дополнения к актам историческим. Спб.
ДрРВ	Древняя российская вивлиофика. 2-ое изд. М.
ИзАН	Академия наук. Известия II Отделения. Спб.
ИОРЯС	Академия наук. Известия Отделения русского языка и словесности. Спб.-Л.
Кот	Котошихин, Григорий. О России в царствование Алексия Михаиловича. 3-е изд. Спб. 1884.
ЛЗАК	Археографическая комиссия. Летопись занятий. Спб.
ЛПИС	Археографическая комиссия. Летопись по Ипатскому списку. Спб. 1871.
ЛПЛС	Археографическая комиссия. Летопись по Лаврентьевскому списку. 3-е изд. Спб. 1897.
НК	Каринский, Николай. Хрестоматия по древне-церковно-славянскому и русскому языкам. 2-ое изд. Спб. 1911.
ОБ	Обнорский, С.П. и Бархударов, С.Г. Хрестоматия по истории русского языка. I. Л. 1938.
ПБИПВ	Письма и бумаги императора Петра Великого. Спб.
ПДП	Памятники древней письменности. Спб.
ПСЗ	Полное собрание законов Российской империи с 1649 года. I сер. Спб.
ПСРЛ	Археографическая комиссия. Полное собрание русских летописей. Спб.
РИБ	Археографическая комиссия. Русская историческая Библиотека. Спб.
РПр	Карский, Е.Ф. Русская Правда по древнейшему списку. Л. 1930.
СбОРИС	Академия наук. Сборник отделения русского языка и словесности. Спб.-Л.
СГГД	Собрание государственных грамот и договоров, хранящихся в коллегии иностранных дел. М.
СР	Оболенский, М.А. Супрасльская рукопись, содержащая новгородскую и киевскую сокращенные летописи. М.1836.
ЧтОИДрР	Общество истории и древностей российских. Чтения. М.

XI ВЕК

(1)

Из Остромирова Евангелия

∴ ѿ їѡана ∴ глⷡ҇а ∴ лг҃ ∴

Въ оно врѣмѧ.
приде и҃съ въ
градъ самареи
ск. нарица
юмꙑ соуха
рь. близъ вьси ѩ
же дасть иꙗковъ
иосифоу сꙑноу //
своюмоу бѣ же тоу
стѹденьць иꙗко
вль и҃съ же троу
ждь сѧ отъ пѫти
сѣдѣаше тако на
стѹденьци. годи
на же бѣ ꙗко шеста
ꙗ приде жена отъ
самариꙗ почрѣтъ
водꙑ. гла юи и҃съ
даждь ми пити
оученици бо юго о
шьли бѣахѫ въ гра
дъ. да брашьно коу
пѧть гла юмоу же
на самарѧнꙑни
како тꙑ иоудеи сꙑ.
отъ мене пити про /
сиши жени сама
рѧнꙑнѩ сѫщѩ не
прикасаѭть бо сѧ
иоудеи самарѣне

хъ отъвѣща и҃съ
и рече аще бꙑ вѣдѣ
ла даръ б҃жии. и къ
то юсть глаголѩи
ти даждь ми пи
ти. тꙑ бꙑ просила
оу нюго. и далъ ти
бꙑ водѫ живѫ гла
юмоу жена г҃и. ни
почрьпальника
имаши. и стоуде
нѣць глѫбокъ ю
сть. отъкѫдоу оу
бо имааши водѫ //
живѫ еда тꙑ боли
и юси о҃ца нашего и
ꙗкова. иже дасть
намъ стоуденьць.
и тъ из нюго пи и
сꙑнове юго и скоти
юго отъвѣща и҃съ
и рече юи. вьсѧкъ
пиѩи отъ водꙑ се
ꙗ. въжѧждеть сѧ
пакꙑ. а иже пиють
отъ водꙑ ѭже азъ
дамъ юмоу. не има
ть въждадати сѧ
въ вѣкъ нъ вода
ѭже азъ дамъ юмоу.

бѫдеть въ нюмь и
сточьникъ водꙑ /
истѣкающѫѧ въ
65 животъ вѣчьнꙑ
и гла къ ниемоу же
на ги даждь ми
сиѭ водѫ· да ни жа
ждѫ ни прихождѫ
70 почьрьпатъ гла
ѥи иіс҃ъ иди при
зови мѫжъ твои·
и приди сѣмо . . .

(Запись)

Слава тебѣ г҃и ц҃рю н҃бсьнꙑи· ꙗко съподо
би мѧ написати єоулие се· почахъ же ѥ
писати· въ лѣ·҃ s҃·ф҃·ѯд҃· А оконьча
хъ ѥ въ лѣ·(s҃·)ф҃·ѯе҃· Написахъ же еу
5 лие се· рабоу б҃жию нареченоу с҃щоу
въ кр҃щении иосифъ· а мирьскꙑ остро
миръ· близокоу с҃щоу изѧславоу кънѧ
зоу· изѧславоу же кънѧзоу тогда
прѣдрьжѧщоу обѣ власти· и о҃ца свое
10 го ꙗрослава· и брата своего володимира·
самъ же изѧславъ кънѧзь· правлꙗ
ше столъ о҃ца своего ꙗрослава кꙑевѣ·
А брата своего столъ порѫчи правити·
близкоу своемоу остромироу новѣ
15 городѣ· Мънога же лѣ· дароуи б҃ъ съ
тѧжавъшоумоу єоулие се· на оутѣ
шение мъногамъ д҃шамъ кр҃стиꙗ
ньскамъ· даи емоу г҃ь б҃ъ бл҃ние с҃тꙑ
хъ· еванглистъ· и Іоана· матѳеа·
20 лоукꙑ· мар· и с҃тꙑхъ прао҃ць· Авра
ама· и Ісака· и Іꙗкова· самомоу
емоу· и подроужию его· Ѳеофа

нѣ и чадомъ єю̈· и подроужиемъ
чадъ єю· съдравьствоуите же м
нога лѣ̂· съдръжаще пороучение
своѥ ·:· Аминъ

Азъ Григории ди
ꙗко· написахъ єуѵлие ѥ̈· да иже го
разнѣ̂ сего напише· то не мози
зазьрѣти мьнѣ грѣшьникоу·
почахъ же писати· мц̂а · окта̂·
ка̂· на памѧ̂ илариона· А око
ньча· мц̂а· маиꙗ· въ· в̄і· на па̂·
епифана ·:· молю же вьсѣхъ по
читающихъ· не мозѣте кла
ти· нъ исправльше· почитаите·
Тако бо и ст̂и ап̂лъ паулъ гл̂е
ть· Бл̂те· А не кльнѣте ·:·
Аминъ ·:·

(2)

Изъ Сборника Святослава 1076 года

Ѯенофонта иже гл̂а къ
сн̂ома своима·
Азъ чадѣ рекоу вама· чло
вѣча житиꙗ отити хо
штю; вѣста бо како
въ житии семь жихъ бе
з лоукы· како отъ вьсѣ
хъ чьстьнъ бѣхъ и лю
бимъ· не сана ради вели
ка· нъ норѡвъмь вели
къмь :
Не оукорихъ никогоже ни
вередихъ· и никогоже не
оклеветахъ· ни завидѣ

хъ никомоуже :
Ни разгнѣвахъ сѧ ни на ко
гожо· ни на мала ни на
велика :
Не оставихъ цр̂кве бж̂иꙗ
вечеръ ни заоутра ни по
лоудне :
Не прѣзьрѣхъ ништиихъ·
ни оставихъ страньна
и печальна не прѣзьрѣ
хъ никъгдаже· и иже въ
тьмьницахъ заключе //
нии· потрѣбьнаꙗ имъ
даꙗхъ; и иже въ плѣнъ

нихъ избавихъ : ~
30 Не помыслихъ на добротоу
чжю. не познахъ жены
дроугыѧ. развѣ мтре
важ. и та дондеже ва роди.
и потомь еще не позна
35 хъ еѩ. нъ съвѣштаховѣ
сѧ чистою съвѣстью тѣ
лесьною. и о гдѣ моудрѣ
съраниховѣ сѧ по право
славьнѣи всѧкои вѣрѣ: /
40 тако сътворихъ до съмрь
тьнааго дне. ~
Тако и вы живѣта чадѣ мо
и. да и ваю бъ оублажить.
и дльголѣтьна ѩвить и съ
45 творить.
Оубогыхъ посѣштаита.
въдовицѣ заштиштаи
та. немоштьныѩ милоу
ита. и осоуждаемыѩ бес п
50 равьды измѣта. миръ
имѣита съ всѣми.
Паче же всѣхъ иже въ поу //
стыни и въ печерахъ и въ
пропастьхъ земельныхъ.
55 добро творита. ~

(Запись)

Коньчаша сѧ книгы сиѩ
роукою грѣшьнааго и
оана избрано из мъ
ногъ книгъ кнѧж(иихъ?)
5 идеже криво братие
исправивъше чьтѣте.
блгсловите а не кльнѣ

Поминаита манастырѧ
чьрноризьць стыдита
сѧ и чьтѣта. и милосрь
доуита.
6 Матери же ваю чьсть отъ
даита. и въсе добро сътво
рита еи. да ѩ оузьрита
радоукшта сѧ. и о томь
веселита сѧ въ вѣкы:
65 Въсе елико имата златъ /
мь и сребръмь и ризами. не
имоуштиимъ подаита:
и въ работѣ соуштаѩ акы
своѩ чѧда лѭбита. и оуны
70 ѩ милоуита. и старыѩ сво
боды съподобита. пищѫ
имъ до съмрьти даѭща.
и съ проста реку: еже мѧ
видѣста творѧшта. и вы
75 творита да сѫпсета сѧ. и съ
подобита сѧ стыхъ: ~
Мтре не забываита. волѭ е
и творита. и послушаита //
съ страхъмь гнмь:
80 Вѣдѣ бо ѩко дѣло гне дѣла
ета: заповѣди гнѧ хра
нита. и бъ мира сего боуди
съ вама: аминъ: ~
те (а)мин(ъ)
Кончахъ книжькы сиѩ
10 въ лѣ: ҂ѕ.фпд. лѣто
при стославѣ кнѧ
зи роусьскы зе
млѧ. ами
нъ

XII ВЕК
(3)

Грамота великого князя Мстислава Володимировича и его сына
Всеволода (около 1130 г.)

☩ Се азъ мьстиславъ володимирь сн҃ъ дьржа роу
ськоу землю въ своѥ кнѧжениѥ повелѣлъ ѥ
смъ сн҃оу своѥмоу всеволодоу ѿдати б(оу)и
це ст҃моу геѡ҃ргиєви съ данию и съ вирами и съ
[☩ и (в)е ю (ѡо)кнѧ]
5 продажами даже которыи кнѧзъ по моѥмь кнѧ
жении почьнеть хотѣти ѿѧти оу ст҃го геѡрги
ꙗ. а б҃ъ боуди за тѣмь и ст҃аꙗ б҃ца и тъ ст҃ыи геѡ҃
ргии оу него то ѿимаѥть. и ты игоумене ис(а)
иѥ. и вы братиѥ. донелѣ же сѧ миръ състоить.
10 молите б҃а за мѧ и за моѥ дѣти. кто сѧ изоѡ҃ста
неть въ манастыри. то вы тѣмь дължьни ѥ
сте молити за ны б҃а и при животѣ и въ съмь
рти. а ꙗзъ далъ роукою своѥю. и осеньнѥѥ по
людиѥ даровьноѥ полътретиꙗ десѧте гри
15 вънъ ст҃моу же геѡ҃ргиєви· а се ꙗ всеволодъ да
лъ ѥсмь блюдо серебрьно· въ ·л҃· грвнъ серебра.
ст҃моу же геѡ҃ргиєви велѣлъ ѥсмь бити въ
нѥ на ѡ҃бѣдѣ коли игоуменъ ѡ҃бѣдаѥть·
даже кто запъртить или тоу дань и се блю
20 до. да соудить ѥмоу (б҃ъ въ) дн҃ь пришьстви
ꙗ своѥго и тъ ст҃ыи (геѡ҃)ргии ·:◄

(4)
Из сочинения Нестора о Житии Феодосия Печерского

Тѣмь же оубо слышаще
кнѧзи и болꙗре доброѥ
ихъ житиѥ. прихожаа
хоу къ великоуоумоу ѳе
5 ѡ҃досию исповѣдающе
томоу грѣхы своꙗ. иже
великоу пользоу прии
мъше бо ѿ того отъхо
жаахоу. ти тако пакы
10 приношаахоу ѥмоу нѣ
чьто мало отъ имѣни
и своихъ на оутѣшени
ѥ братии. на състроѥ
ниѥ манастырю своѥ
15 моу. дроузии же и села
въдаваюче на попечениѥ
имъ. наипаче же зѣло
люблꙗаше бл҃женааго х҃о
любивыи кнѧзь изѧ
20 славъ. предьржаи тъгда

столъ о҃ца своюго и часто
же и призываваше къ со
бѣ. мъножицею же и са
мъ прихожааше к нему.
и тако д҃ховьныихъ тѣ
хъ словесъ насыщашеся./
и отъхожааше. юко же отъ
толѣ тако богъ възвелича
ше мѣсто то. оумножаю въ
сѣхъ бл҃гыихъ въ немь мо
литвами въгодника сво
юго. о҃ць же нашь θеодоси
и бѣаше сице запретилъ вра
тарю. да по отъѣдении обѣ
да не ѿврьзаютъ вратъ нико
моу же. и никто же пакы
да не въходитъ въ манастъ
рь . дондеже боудяше годъ ве
черьнии юко да полоудьни
ю соущю. почиють братиа
ношьныихъ ради м҃лтвъ.
и оутрьнюго пѣния .:.

И въ юдинъ д҃нь полоудьнию соу
щоу прииде по обычаю х҃олю
бьць изяславъ. съ малъмь
отрокъ. югда хотяше поѣха
ти къ бл҃женоуоумоу. тъгда
распоустяше вся боляры въ
домы своа. нъ тъкмо съ ше
стию или съ пятию отрокъ
прихожааше к нему. се же
юко рѣкъхъ приѣхавъ и съсѣ
де съ конѧ. ни бо николи же
ѣха на дворъ манастырьскы
и. и пристоупивъ къ врато
мъ повелѣ отъврьсти въны
ти хотя. онъ же отъвѣща ю
моу юко повелѣние юстъ ве
ликааго о҃ца не отъврьзати
вратъ никомоуже донде
же годъ вечерьнии боудетъ.

таче пакы х҃олюбьць възвѣ
щаю юмоу да оувѣсть къто
юстъ. и гл҃аше се бо азъ ю
смь. и мнѣ отъврьзи вра
та юдиномоу. онъ же не
вѣды юко кнѧзъ юстъ.
отъвѣщавааше юмоу си
це. рѣхъ ти юко повелѣ
но ми юсть отъ игоумена.
юко аще и кнѧзъ прииде
тъ не отъврьзи вратъ. то
оуже аще хощеши потръпи
мало дондеже годъ боуде
тъ вечерьнии. онъ же отъ
вѣща юко азъ юсмь кнѧ
зь. то или мнѣ не отъврь
зеши. тъгда изникъ ви
дѣтъ и познавъ кнѧзя
юго соуща. и въ страсѣ бы
въ не отъврьзе вратъ. нъ
блаженоуоумоу съповѣда
тъ тече. ономоу же стою
щю предъ враты и тръпя
щю. о семь подражающю
ст҃го и върховьнюаго а҃пла
петра. изведеноу бо бывъ
шю томоу анг҃лъмь ис тъ
мьницѣ. и пришьдъшю
юмоу къ домоу идеже бѣ/
ша оученици юго. и тлък
ноувъшю юмоу въ врата.
и се рабыни изникноувъ
ши видѣ петра стоюща.
и ѿ радости же не ѿврьзе во
ротъ. нъ текъши повѣда
оученикомъ приходъ юго.
тако же и съ ѿ страха не ѿ
врьзе вратъ. нъ скоро тек
повѣда блаженоуоумоу
х҃олюбьца. таче блажены
и ишедъ и видѣвъ кнѧ

за и поклонисѧ ѥмоу. и
по сихъ начатъ глати ѥ
105 моу х̃олюбьць. ѿ како ѿ
чѥ запрещенѥ твоѥ ѥже
гл̃ть чьрноризьць сии. ꙗ
ко аще и кнѧзь придеть
не поустити ѥго. бл̃же
110 ныи же ѿвѣта сего ради
гл̃ють. вл̃дко бл̃гыи по
велѣнию то. ꙗко же да
въ годъ полоудьньныи
не исходѧть братиꙗ и
115 з манастырѧ. нъ почи
ноуть въ то времѧ нощ
наго ради славословиꙗ.
твоѥ же богомь подвиж

ноѥ тъщанѥ къ ст̃ѣи
120 вл̃дчци нашеи бц̃и бл̃го
и дш̃и твоѥи на оуспѣхъ.
и мы же вельми радоуюꙗ //
сѧ о прихоженїи твоѥ
мь. таче по сихъ шедше
125 ма има въ цр̃квь. и ство
ривъ мл̃твоу сѣдоста. ти
тако х̃олюбивыи кнѧ
зь насыщашесѧ медото
чьныхъ тѣхъ словесъ.
130 и иже исхожаахоу ѿ оустъ
прпдбьнааго оц̃а нашего
ѳеѡдосиꙗ. и великоу по
льзоу приимъ отъ него
иде въ домъ свои славѧ
б̃а. ...

XIII ВЕКЪ
(5)

Из договорной грамоты Смоленского князя Мстислава Давидовича
с городом Ригою и Готским берегом (1229 г.)

Что сѧ дѣѥтѣ по вѣрьмьнемь. то ѿидето по вѣрьмьнемь.
приказано боудете добрꙑмъ людемъ. а любо грамо
тою оутвьрдѧть. како то боудете всемъ вѣдомъ. или кто послѣ
живыи ѿстанѣть сѧ. того лѣ коли алъ
5 брахтъ. вл̃дка рижский оумьрлъ уздоумалъ кнѧзѣ смольнескыи.
мьстиславъ. дв̃двъ сн̃ъ. прислалъ в ри
гоу своѥго лоучьшего попа. ѥрьмеꙗ. и съ нимъ оумьна
можа пантельꙗ. и своѥго горда смольнеска. та
два была посълъмъ оу ризѣ. из риги ѣхали на гочкыи берьго.
10 тамо твердити миръ ·:· оутвьрдили миръ
что былъ немирно. промѧжю смольньска. и риги. и готскымь
берьгомь. всемъ коупчемъ. Пре сеи миръ
троудили сѧ дъбрии людиѥ. Ролфо ис кашелѧ би дворѧнинъ.
тоумаше смолнанинъ. ажъ бы миро былъ и
15 дъ вѣка. оурѧдили пакъ миръ. како бы любо руси. и всемоу
латинескомоу ꙗзыкоу. кто то оу роусе гостить ·:·
На томъ мироу ажъ бы миръ твьрдъ былъ. тако былъ кнѧзю любо.
и рижанъмъ всемъ. и всемоу латинеско
моу ꙗзыкоу. И всемъ темь кто то на оустоко морѧ ходить ·:·
20 ажъ бы нальзлъ правдоу. то напсати. како то де

ржати роуси. съ латинескымъ ӕзыкомѣ. и латинескомоу ӕзыкоу
съ роусию. то дєржати Аж быхъмъ
что тако оучинили. того бъ не дай. аж бы промѣжю нами бои
былъ. а любо чл͠вка оубиють до см͠рти. како
25 чл͠вка то ѿплатити. аж бы миръ не рѣздроушенъ былъ ·:· такъ
платити. како то бы ѿбоимъ любо былы ·:·
Здє починаютъ сѧ правда ·:· Ажє боудѣтъ свободѣный чл͠вкъ
оубитъ ·І̇· гривенъ серебра. за гол̇ъвоу. Ажє
боудѣтє холѡп оубитъ ·:· а̇· гривна серьбра заплатити ·:· оу̇
30 смольнѣскъ тако платити. й оу ризѣ. й на го
тскомъ берьзѣ ·:· Око. роука. нъга. йли йнъ что любо. по
пѧти гривнъ серьбра. ѿ всѧкого. платити
за ѡкъ ·е̇· серьбра. за роукоу ·е̇· серьбра. за нъгоу ·е̇·
серьбра ·:· й за всѧкый соуставъ. пѧть гривнъ серебра
35 За зоубъ ·г̇· гривнъ серебра ·:· й смольньскъ. й оу ризѣ и на
гочкомъ березѣ ·:· Кто биетъ дроуга. дерев
мь. а боудѣтє синь. любо кровавъ ·:· полоуторы гривны серебра
платити юмоу ·:· по оухоу оударите ·г̇·
четверти серебра ·:· послоу. и поу. что оучинать. за двоѣ того
40 оузѧти. два платежа ·:· Ажє кого оуранѧ
ть полоуторы гривны серебра. ажє боудѣтє без вѣка ·:· Тако
платити. оу смолѣнескє. й оу ризѣ й на
гочкомъ берьзѣ ·:· Ажє извинить сѧ роусинъ. оу ризѣ или на
гочкымъ березе. оу дъбоу его не сажати ·:·
45 Ажє извинитъ сѧ латининъ. оу̇ смольнѣскѣ. не мътати ѥго оу
погрѣбъ ·:· Ажє не боудѣтѣ поруки
то оу желѣза оусадити ·:· Ажє латининъ дастъ. роусиноу товаръ
свой оу дългъ. оу смольнскє. заплати
ти немчиноу пьрвѣѥ. хотѧ бы иномоу комоу виноватъ. былъ
50 роосиноу ·:· Тако оузѧтѥ роусноу. оу
ризѣ. й на готскомъ березѣ ·:· Ажє розгнѣвають сѧ кнѧзѣ на сво
ѥго чл͠вка. а боудѣтє винъватъ немчи
цю роусинъ. а ѿимѣтъ кнѧзь все женоу и дѣти ·:· оу холъпство.
пѣрвоѥ платити ѥмоу ·:· латининоу
55 а потомь кнѧзю какъ любо съ своимъ чл͠вкмъ ·:· Такоу правдоу
възѧти. роусиноу. оу ризѣ. й на го
чкъмь березѣ . . .

(6)

Из Русской Правды по Новгородской Кормчей 1282 г.

Є ѿ оубииствѣ.:.
Аже кто оубиѥть
кнѧжѧ моужа.
въ разбои. а голо
⁵вника не ищють
то вирьвноуѫ пла
тити. въ чьѥи
же върви голова
лежить. то ·п҃· грн҃ъ //
¹⁰паки людинъ. то
сорокъ гривенъ ·:·
(К)оторалѧ ли вървь. на
чнеть платити
дикоую вироу. ко
¹⁵лико лѣ· заплатѧ
ть тоу вироу. зане
же безъ головни
ка имъ платити.
боудеть ли голо
²⁰вникъ. ихъ въ вь

рви. то зане к ни
мъ прикладываѥ
ть. того же дѣла и
помогати голо
²⁵вникоу. любо си ди
коую вироу. н спла
тити имъ въочб҃í.
·и҃· грвнъ а головни
чьство. а то самомоу
³⁰головникоу. а въ
· м҃· грвнъ ѥмоу запла
тити из дроужи
ны свою часть. н
уже боудеть оуби /
³⁵лъ. или въ свадѣ. и
ли въ пироу ѩвлено.
т тако ѥмоу платí
ти по върви нынѣ.
иже сѧ прикладыва
⁴⁰ѥть вирою·:·

(7)

Из Пролога (XIII-XIV в.)

Сказание об убиении князя Глеба, по северно-русскому списку

... С̃тополкъ
же оканьнꙑи разго
рдѣвъ· помꙑслъ болі
и въсприимъ се оуби
⁵хъ бориса· посла по
глѣба съ лестьѭ зо
веть та о̃ць нездрави
ть ти велми· безло
бивꙑи же глѣбъ въбо
¹⁰рзѣ въсѣдъ на конь·

съ маломъ дружинꙑ·
поиде· бѣ бо любимъ //
о̃цм҃ь и послушливъ
и желаѧ видѣти бра
¹⁵та бориса· потъчесѧ
конь ѥго на волзѣ и на
ломи ногу мало· и прі
де смоленьску· и ста
вꙑше смѧдены въ ко
²⁰рабльци· и слꙑша о о

тни см͂рти · и ỏ ȯуби
книи бориса · и҆ въз
дѣхнувъ велми · на
ча молитиса съ слъза
ми · ȯувы мнѣ г͂и лу
че бы ми ȯумрети съ
братомъ неже жити
въ свѣтѣ семь · а҆ще
быхъ бра͂ мои видѣлъ
лице мок ан҆глкок҆
ȯумрлъ быхъ с тобо
ю · нынѣ же что ради
ȯстахъ а҆зъ кдинъ ·
кде суть словеса тво
ꙗ · ꙗже г͂лше къ мнѣ
бра͂ мои любимыи
нынѣ же не оу҆слы
шю тихаго твокго на
казаниꙗ · да а҆ще к҆
си получилъ дързно //
вении оу г͂а молиса
ȯ мнѣ · да и҆ а҆зъ сподо
бленъ быхъ тꙋже стра͂
прнꙗти · луче бы мі
ȯумрети с тобою неже
жити въ свѣтѣ семь
прелестьнѣмь · сиче
кму молащюса съ
плачемь · поиде въ ко
раблеци и се вънеза
пу придоша оу҆биицѣ

ⷹ҇ стополка · и҆ ꙗша ко
рабль глѣбовъ · и҆ ȯбна
жиша ȯружиꙗ · ȯтро
ци же глѣбови оуны
ша · ȯкаиныи же го
расѣр повелѣ зарѣ
зати глѣба · поваръ
же глѣбовъ именемъ
торчинъ · вынъзъ
ножь зарѣза глѣба а҆
кы а҆гнѧ непорочно
принесесѧ на жр͂твоу
б͂ви · въ воню бл͂го
оу҆ханиꙗ · и҆ приꙗтъ
вѣньць въшедъ въ
н͂бныꙗ ȯбители · и҆
оузрѣ желакмаго //
романа · и радо
васа с нимь неиздре
ченьною радостию ·
ю҆же оу҆лучиста брато
любикмь своимъ · и҆
тако скончасѧ бл͂же
ныи дв͂дъ · се бо наре
чено бѣ въ кр͂щении
сентѧбрѧ въ · е҂ · и по
ложиша и҆ въ дубравѣ
межи · двѣма колода
ма и покрыша расѣ
кꙑше корабль к҆го и҆
ⷹ҇идоша оу҆биицѣ злѣ ·

(8)
Договор Тверского князя Михаила Ярославича с новгородцами
(кон. XIII века)

поклонъ ѿ кнѧзѧ михаила. къ ѿтьцю ко влдцѣ. то ти ѿчче повѣдаю.
съ бр)атом(ь с)воимъ съ старѣйшимъ съ даниломъ. ѡдинъ есмь
                                                      и съ иваномъ.
а дѣти твои. посадникъ й тысѧцьскый. й· весь новъгородъ. на томъ цѣ
ловали ко мнѣ крт͡ъ. аже будеть тѧгота мнѣ ѿ андрѣѧ. или ѿ
                                                      тат(ар)ина.
или ѿ йного кого. вамъ потѧнути со мною. а не ѿступити вы сѧ
                                                            мене
ни въ которое же веремѧ. а чего будеть йскати мнѣ. и моимъ боѧромъ.
й моймъ слугамъ. у новъгородьцевъ. й у новоторъжьцевъ. й у
                                                         волочанъ.
а тому всему судъ дати безъ перевода. а холопы й должникы й
                                                            пору
чникы. выдавати по йсправѣ. а кто будеть закладенъ позорова
лъ ко мнѣ. а жива въ новъгородьской волости. тѣхъ всѣхъ
                                                   ѿступилъ
сѧ есмь новугороду. а кто будеть давныхъ людий. въ торъжьку. й
въ волоцѣ. а позоровалъ ко тфѣри. при ѡлександрѣ. й при ѧросла
вѣ. тѣмъ тако й сѣдѣти. а позоровати ймъ ко мнѣ. а што будеть.
моихъ селъ. в новъгородьской волости. или моихъ слугъ. тому
буди судъ безъ перевода.

XIV ВЕК
(9)
Из духовной грамоты Московского князя Ивана Даниловича
Калиты (1328 г.)

Во имѧ о͡ца и с͡на и с͡тго д͡ха. Се ꙗзъ грѣшныи худыи рабъ б͡жи
                                                        иван(ъ)
пишу д͡швную грамоту ида въ ворду никимъ не нуженъ цѣлымъ св(о)
имъ оумомъ въ своѥмъ здоровьи. се же б͡ъ что розгадаеть ѡ
                                                        моѥмъ
животѣ. даю рѧдъ с͡нмъ своимъ и кнѧгини своѥи. и приказываю
с͡нмъ своимъ (о)ч͡ну свою москву. а се ѥсмь имъ роздѣлъ
                                                      оучини
се далъ ѥсмь с͡ну своѥму болшему семену. можаескъ. колом
ну со всими коломеньскими волостьми. городенку. мѣзыню . . .
         . . . а при своѥмъ животѣ далъ ѥ
смь с͡ну своѥму семену ·Д· чепи золоты. ·Г· поѧсы золоты ·В·
                                                        ча
ши золоты с женчуги. блюдце золото с женчугомь. с каменьѥмъ
а к тому еще да͡ ѥсмь ѥму ·В· чума золота болшаѧ. а исъ
                                                    судовъ
и(с)ъ серебрыныхъ да͡ ѥсмь ѥму ·Г· блюда серьбрына. а се
                                                     даю с(ыну)
своѥму ивану. звенигородъ. кремичну. рузу. фоминьск(оѥ) . . .

... а изъ золота далъ юсмь сну свою(му и)
вану .д҃. чепи золоты. поюсъ болшии с женчугомъ с каме(нь)
юмъ. поюсъ золотъ с капторгами. поюсъ сердониченъ золо
томъ окованъ .в҃. овкача золота .в҃. чашки круглыи золо
ты. блюдо серебрьно юзднинскою .в҃. блюдци менши. а се
далъ юсмь сну своюму андрѣю. лопастну. сѣверьску. ... а из
золота да юсмь (.д҃. чепи) золоты. поюсъ золотъ фря
зьскии с женч(угомъ съ каменьемъ). поюсъ золотъ с крюкомъ
(н)а червча(т)ѣ (шолку поюсъ золотъ ц)рвьскии .в҃. чары золо.
.в҃. чумка золо(та меншаю. а изъ блюдъ) блюдо серебрьно а .в҃.
малаю. а се да(ю княгини своеи с ме)ншими дѣтми. сурож(и)
къ м(у)ш(кин)у гору ... ...

25 а из городьски' волостии даю княгини своюи осм(ни)чею
а тамгою и иными волостми городьцкими подѣл(ятся) сн҃ве
мои. такоже и мыты которыи въ которомъ оуѣздѣ то тому а
оброкомъ медовымъ городьскимъ василцева вѣданью по
дѣлятся сн҃ве мои. а что моихъ бортниковъ и оброчниковъ
30 купленыхъ. которыи в которои росписи то того. а по мои"
грѣхомъ ц(и) имуть искати татарове которыхъ волостии а о
тоиму(тьс я) вамъ сн҃мъ моимъ и княгини моки подѣлити
вы ся опять ты(м)и волостми на то мѣсто. а численыи лю
а тѣ вѣдають сн҃ве мои собча а блю҃ть вси с одиного. а что мои
35 лю куплен(ы) в ве" (ико)мъ свертцѣ. а тыми ся подѣлять сн҃ве мои
а что золото княгини мокю оленино а то юсмь да' дчери сво
юи фетиньи .д҃і. обручи и ожерелье мт҃ри кю. монисто ново
ю что юсмь сковалъ а чело и гривну то юсмь да' при собѣ. а что е
смь придобылъ золото что ми да б҃ъ и коробо(ч)ку золотую а
40 то юсмь далъ княгини своюи с меншими дѣтми. а ис по
рт из моихъ сну моюму семену кожухъ черленыи женчужь
ныи (шапка з)олотаю. а ивану сну моюму кожухъ желта(ю)
обирь с женчугомъ и коць ве(ликии з ба)рмами. андрѣю сну
моюму бугаи соболии с наплечки с великимъ женчугомъ
45 с каменьюмъ. скорлатною портище сажено з бармами. а
что юсмь нынѣча нарядилъ .в҃. кожуха с аламы с женчуго
мь. а то юсмь да' меншимъ дѣтемъ своимъ мт҃ри федо
сьи ожерельюмъ. а что моихъ поясовъ серебрьныхъ а то ро
здадять по пп҃въмъ. а что мою .р҃. ру су юски. а то роздадять
50 по цр҃квемъ. а чт(о) остало изъ моихъ судовъ из серебрьны'
а тымъ подѣлятся сн҃ве мои и княгини мою. а что ся оста
неть моихъ пор(т)ъ. а то роздадать по всимъ пп҃въмъ и на мо
сквѣ. а блюдо великою серебрьною ѿ .д҃. колца. а то юсмь да'
ст҃и бц҃и володимерьскои. а приказываю тобѣ сну сво(юму)
55 семену братью твою молодшую. и княгиню свою с меншим(и)

дѣтми по бз҃ѣ ты имъ будешь печални(къ). а что ѥсмь далъ
сн҃у своѥму семену стадце а другоѥ ивану. а иными-стады мо
ими подѣлѧтсѧ сн҃ве мои и кнѧгини моѧ. а на се послуси о҃
ц҃ь мои дш҃вьныи ѥфрѣмъ. о҃ць мои дш҃вьныи федосии. о҃ць
мои дш҃вьнии попъ дв҃дъ. а грамоту псалъ дьѧкъ кнѧзѧ ве
ликого кострома. а кто сию грамоту порушить судить ѥму ҃

(10)

Из Новгородской летописи по Синодальному списку (1330-1352 г.)

Въ лѣ҃. ҂s҃.х҃.п҃д. иде вълхово опа҃.
на възводьѥ по .е҃. дн҃ии. Той
весне ожени сѧ кн҃зь мьстисла
въ новегоро(дѣ) и поѧ оу ѧкоуна
5 дъчерь оу мирославица и потомь
позваша и ростовьци къ собе. и и
де ростовоу. съ дроужиною своѥю.
а сн҃ъ оставивъ новегородѣ и при
де ростовоу. и въ то времѧ оумь
10 рлъ бѧше михалко. и поиде съ ро //
стовьци и съ соуждальци. къ воло
димирю. и постави всѣволодъ съ во
лодимирьци и съ переѧславьци.
противоу ѥго пълкъ. и биша сѧ.
15 и паде обоихъ множьство много.
и одолѣ всѣволодъ. и възврати сѧ
мьстиславъ въ новъгородъ . и не
приѧша его новгородьци. нъ поу
ть ѥмоу показаша. и съ сн҃мъ съ
20 стославомь. и поѧша новгородь
ци оу всеволода сн҃ъ собе ѧрослѧ҃
На тоу зиму иде мьстислѧ. съ
зѧтьмь съ глѣбомь. и съ брам҃ь
ѧропълкомь. на соуждаль, и би
25 ша сѧ за калакшею. и тоу побѣ
диша рѧзанце и ѧша кн҃зѧ глѣ҃
ба. и съ сн҃мъ. и мьстислѧ съ бра҃
мь ѧропълкомь пороубиша ѧ. То //
и же зиме приходиша. всѧ чюдь
30 ска землѧ къ пльсковоу. и биша҃
сѧ с ними. и оубиша ти. вѧчеслѧ҃
и микитоу. захариница и ста
нимира иваница. и инѣхъ. а чю
ди множьство избиша.

(11)

Из Поучения Владимира Мономаха

...сѣда на санѣ помысли в дши
своеи. и похвали ба. иже мѧ
сихъ днёвъ грѣшнаго допровади. да дѣти мои или инъ
кто слышавъ сю грамотицю.
не посмѣите сѧ. но ѡму же
любо дѣтий моихъ. а приметь ё в срце своё. и не лѣнигисѧ начнеть. тако же и труѫатисѧ. первое ба дѣла. и дша сво
ёѫ. страѫ имѣйте бий в срци
своёмъ. и млтню творѧ неѡскудну. то бо ёсть начатокъ
всѧкому добру. аще ли кому
не люба грамотица си. а не по
ѡхритаютъ сѧ. но тако се рекуть на далечи пути. да на
санѣ сѣда безлѣпицю (е)си молвилъ оусрѣтоша бо мѧ слы
ѿ братѣ моёѫ на волзѣ. рѣша потъсни сѧ к на. да выженемъ ростиславича. и волость ихъ ѿимё. иже ли не поидеши с нами то мы собѣ буде. а ты собѣ. и рѣхъ аще вы
сѧ и гнѣва(е)те не могу вы ѧ и
ти. ни крта переступити. и
ѡрадивъ ѧ вземъ псалтырю в печали разгнухъ ѧ и
то ми сѧ вынѧ: вскую печалуёши дше. вскую смущаеши мѧ. и прочаѧ. и потомъ
собра словца си любаѧ. и складохъ по рѧду и написа. аще
вы послѣднѧѧ не люба. а переднѧѧ приимаите.... //
Поистинѣ дѣти моѫ разоумѣите. како

ѫти ёсть члвколюбець бъ. милостивъ и премлтвъ. мы члвци
грѣшни суще. и смртни. то ѡже ны зло створить. то хощемъ
и пожрети. и кровь ёго проль//
ѫти вскорѣ. а гь нашь владѣѫ.
и животомъ и смртью. согрѣшеньѧ наша. выше главы нашеѫ. терпить и пакы и до живота нашего. ѫко ѡць чадо
своё любѧ. бьѫ и пакы. привлачить ё к собѣ. тако же и гь нашь показал ны ёсть на врагы побѣду. г. ми дѣлы добрыми избыти ёго. и побѣдити
ёго покаѫньёмъ слезами.
и млтнею. да то вы дѣти мои. не тѧжка заповѣдь бьѫ.
ѡже тѣми дѣлы. г. ми избыти грѣховъ своихъ. и цртви
ѧ не лишити сѧ. а ба дѣла не
лѣните сѧ молю вы сѧ. не забывайте. г.хъ дѣлъ тѣхъ. не
бо суть тѧжка. ни ѡдиночьство. ни чернечьство. ни голодъ. ѫко иний добрий терпѧть. но малѣ дѣломъ оулучити млть бьѫ. что есть члвкъ
ѫко помниши и ... //
си словца прочитаюче. дѣти моѫ бжтвнаѫ похвалите ба. давшаго на млть
свою. и се ѿ худаго моёго безумьѫ наказаньё. послушайте мене аще не всего примете то половину. аще вы бъ оумѧкчить срце. и слезы своѫ
испустите ѡ грѣсѣ свои рекуше ѫко блудницю и разбо

йника. й мытар҄ помило
ва́лъ ѥси. тако й на́ гре̑шн҄ъ
помилуи́. й в цр҃кви то де́ите.
й ложа с҄. не гре́шите. ни ѿдⷧ҇
ну же ночь а҆ще можете покло
нити с҄ до земли. а ли вы с҄
начнеть не мочи. а̀ трижды·
а того не забыва́ите не ле́ни
те. с҄. те́мъ бо ночн҄ъ покло
но́н҄ъ и пе́нь҄ъ чл҃вкъ побе́жае҄
дь҄вола. и что въ дн҃ь согре̑
шить а те́мъ чл҃вкъ избыва
е́ть. а҆ще й на кони е̑здаче
не будеть ни с кы̀ ѿрудь҄. а
ще ин҄ъ мл҃твъ не оуме́ете /
молвити. а г҃и помилуи́ зове̑
те бес престани вта҄не. та бо
ѥсть мл҃тва все́ⷯ ле́пши. неже
ли мыслити безле́пицю ѣ
зд҄. всего же паче оубоги҄ не
забы́ваите. но е́лико могу
ще по силе̑ кормите и прида
ваите сироте̑. й вдовицю ѿ
правдите са́ми. а не вдава
и́те силн҄ъ погубити чл҃вка.
ни права ни крива не оуби
ваите. ни повеле́ваите оу
бити ѥ́го. а҆ще будеть повине
нъ см҃рти. а д҃ша не погубл҄
ѥте никаков҄ же хь҄ны. ре́
чь молв҄аче и лихо й добро· не
клените с҄ бм҃ъ ни хр҃тите с҄.
не́ту бо ти нужа никоѥ҄ же.
а҆ще ли вы буде҄ кр҃тъ целова
ти к братьи́ или г кому. а́ли
оуправивъше ср҃це своѥ́. на
немже можете оустоа́ти.
тоже целу́ите. и целовавше
блюде́те. да не приступни
погубите дш҃е своѥ̑. ѥⷫⷭтн
и попы́. и игу́мены. с любо
вью взима́ите ѿ ни́ блв҃лнь.

ѥ. и не оустран҄аите с҄ ѿ ни҄ⷯ.
й по силе̑ любите й набдите.
да прии́мете ѿ ни҄ мл҃тву ѿ
ба҃. паче всего гордости не и́
ме́ите. в срⷣци й въ оуме̑. но //
рце́мъ см҃ртни ѥсмы. дн҃ь живи
а̀ заоутра в гробъ. се все чт҃ны ѥ҄
си вдалъ. не наше но тво҄. пору
чилъ ны ѥси на мало дн҃ии. и́
в земли не хороните. то ны ѥ̑
сть великъ гре́хъ. стары҄
чти ѣко ѿца. а молоды҄. ѣ́
ко братьѣ. в дому своѥ́мъ не
ле́ните с҄. но все видите. не
зрите на тивуна. ни на ѿтро
ка. да не посмеѭ̀тс҄ прихо
д҄щии к ва҄. и дому вашему.
ни ѿбе́ду вашему. на вои
ну вышедъ не ле́ните с҄. не
зрите на воеводы. ни питью̀.
ни е́денью. не лагодите ни
спанью̀. и сторожѐ сами нар҄
живаите. и ночь ѿвсюду на
р҄дивше ѿколо вои. тоже л҄
зите. а рано встане́те. а ѿру
жь҄ не снима́ите с себе. вбо
рзе̑ не розглядавше ле́нощ҄а
ми. внезапу бо чл҃вкъ погы
баѥть. лже̑ блюди с҄ и пь҄̑
ньства. и блуда. в томъ бо дш҃а
погыбаѥть. и те́ло. куда же
хода́ще путемъ по своимъ
земл҄́мъ. не да́ите пакости
де́ѧти. ѿтрокомъ ни свои́
мъ. ни чюжимъ. ни в селе̑
ни в житѣ̑. да не кл҄ти ва́
начнуть. куда же поиде́те /
йдеже станете. напоите на
кормите. оуне̑ и́на. и боле
же чтите гость. ѿкуду же к ва҄
придеть. или простъ. или добръ.
или солъ. а҆ще не можете даро

мъ. брашно. и питьемъ. ти бо
мимоходачи прославать. че
ловѣка по всеи земли. любо до
брымъ. любо злымъ. болнаго при
сѣтите. надъ мертвеца идѣ
те. ӕко вси мертвени есмы. и
чл҃вка не минѣте не привѣча
вше. добро слово ему дадите.
жену свою любите. но не даи
те имъ надъ собою власти.
Се же вы конець всему страхъ
б҃жии. имѣите. выше всего. а
ще забываете всего. а часто
прочитаите. и мнѣ будеть бе
сорома. и вамъ будеть добро.
его же оумѣючи того не забы
ваите доброго. а его же не оу
мѣючи а тому са оучите. ӕ
ко же бо о҃ць мои дома сѣда.
изоумѣѧше .е҃. ѧзыкъ. в то
мъ бо чть есть ѿ инѣхъ земль.
лѣность бо всему м҃ти. еже
оумѣеть то забудеть. а его
же не оумѣеть а тому са не
оучить. добрѣ же творѧще не
мозите са лѣнити ни на что
же доброе. первое к ц҃ркви
да не застанеть ва с҃лнце на по
стели. тако бо о҃ць мои дѣӕше
бл҃женыи. и вси добрии мужи све
ршении. заоутренюю ѿдавше
б҃ви хвалу. и потомъ с҃лнцю въ
сходѧщю. и оузрѣвше с҃лнце. и
прославити б҃а с радостью. и ре
просвѣти ѡчи мо(и) х҃е б҃е. и
далъ
ми еси свѣт твои красны
и. и еще г҃и приложи ми лѣто къ
лѣту. да прокъ грѣховъ своѩ
покаѩвъ са ѡправдивъ живо
тъ. тако похвалю б҃а. и сѣдше
думати с дружиною. или лю
ди ѡправливати. или на ло
въ ѣхати или поѣздити. или
лечи спати. спанье есть ѿ б҃а
присужено полудне. ѿ чина
бо почиваеть. и звѣрь. и пти
ци. и чл҃вци.

(12)

Из Летописи по Лаврентьевскому списку (1377 г.)
Послесловие

Радуеть са купець прику
пъ створивъ. и кормьчии.
въ ѡтишье приставъ и стра
нни въ ѡч҃ьство. свое прише҃. та
ко радуе са и книжныи списа
тель. доше҃ конца книга. тако
и азъ худыи недостоиныи и
многогрѣшныи. рабъ. б҃жии
Лаврентеи мни. Началъ ж
семь писати книги
сиѩ . гл҃емыи лѣтописець.
м҃ца генва въ .д҃і. на памѧ
ст҃хъ ѡ҃ць наши авва. в синаи.
и в раифѣ избьены. Князю
великому дмитрию костѧнти
новичю. А по бл҃г҃вньꙖ с҃щньна
го еппа диюнисьꙖ. И конча
л есмь м҃ца марта. въ .к҃.
на памѧ ст҃хъ ѡ҃ць наши. иже
в манастыри ст҃а савы. избь
ены ѿ срацинъ. В лѣ .ѕ҃.ѿ
пе. При бл҃говѣрно и хо҃люби
во кн҃зи велико дмитрии ко
стантиновичи. И при еппѣ
наше҃ хо҃любивѣ с҃щенном
диѡ(ни)сьѣ. суждальско. и новго

родьско͠. й городьско͠. И нынѣ
гда ѡци и бра͞в. ѡже сѧ гдѣ
буду ѡписалъ. или переписа
лъ или недописалъ. чтите
исправливаѧ б͞а дѣлѧ. а не
клените. занеже книгы ве
тшаны. а оумъ молодъ. не до
шелъ. слышите павла ап͠ла.

и г͠лща не клените. но бл͠гви
те. а ѡ всѣми нами хр͠ѣны.
хъ б͠ѣ на͠. сн͠ъ б͠га живаго. ему
же слава. й держава. и ч͠ть.
и покланѧнье со с͠щмь и
с ст͠мъ д͠хмъ. и н͠нѧ и пр͠и въ
вѣкы аминь ·:⸺|s. |s. |s.;.

XV ВЕК

(13)

Из Галицко-Волынской Летописи (по Ипатьевской Летописи)

(Въ лѣто 6767) . . . Якоже древле писахомъ, во Куремьсину
рать, о зажьженьи города Холма. Холмъ бо городъ сице бысть
созданъ: Божиимъ веленьемъ, Данилови бо княжащу во Володимерѣ,
созда градъ Угорескъ и постави во немъ пискупа; ѣздящу же ему
по полю и ловы дѣющу, и видѣ мѣсто красно и лѣсно на горѣ,
обьходящу округъ его полю, и вопраша тоземець: 'како имену-
еться мѣсто се?' Они же рекоша: 'Холмъ ему имя есть.' И
возлюбивъ мѣсто то и помысли, да сожижеть на немъ градець
малъ; обѣщася Богу и святому Ивану Златоусту, да створить во
имя его церковь. И створи градець малъ, и видѣвъ же яко Богъ
помощникъ ему и Іоанъ спѣшникъ ему есть, и созда градъ иный,
егоже Татарове не возмогоша прияти, егда Батый всю землю
Рускую поима; тогда и церковь святой Троицѣ зажжена бысть, и
паки создана бысть. Видивъ же се князь Данило, яко Богу по-
спѣвающу мѣсту тому, нача призывати прихожаѣ Нѣмцѣ и Русь,
иноязычникы и Ляхы; идяху день и во день, и уноты и мастерѣ
всяции бѣжаху ис Татаръ, сѣдѣлници, и лучници, и тулници, и
кузницѣ желѣзу и мѣди и сребру; и бѣ жизнь, и наполниша дворы,
окрестъ града поле и села. Созда же церковь святого Ивана,
красну и лѣпу; зданье же еѣ сице бысть: комары 4, с каждого
угла преводъ, и стоянье ихъ на четырехъ головахъ человѣцскихъ
изваяно отъ нѣкоего хытрѣца; окна 3 украшена стеклы Римьскими;
входящи во олтарь стояста два столпа отъ цѣла камени, и на
нею комара, и выспрь же вѣрхъ украшенъ звѣздами златыми на ла-
зурѣ; внутрьнии же еи помостъ бѣ слитъ отъ мѣди и отъ олова
чиста, яко блещатися яко зерцалу; двѣри же еи двоя украшены
каменьемъ Галичкымъ бѣлымъ и зеленымъ Холмъскымъ, тесанымъ,
изрыты некимь хытрѣцемъ Авдьемъ, прилѣпы отъ всѣхъ шаровъ
и злата, на преди ихъже бѣ издѣланъ Спасъ, а на полунощныхъ
святый Иванъ, якоже всимъ зрящимъ дивитися бѣ; украси же иконы,
еже принесе ис Кыева, каменьемъ драгымъ и бисеромъ златымъ. . . .

(14)

с‍во ѿ погибєлı ‍рускыѣ зѣ‍ни ѿ ‍смє
рти вєликꙋ кн҃зѧ ѩрослава:—
Ѡ свѣтло свѣтлаѧ и ѹкрасно ѹкра
шєна зємлѧ рꙋскаѧ и многыми красо
тами ѹдивлєна єси. ѡзєры многыми
ѹдивлєна єси рѣками и кладѧзьми
мѣсточтьными горами крꙋтꙋ
ми холми высокыми доѹбравоми
чтыми польми дивными звѣрь
ми разлычными птицами бєщислє
ными городы вєликыми сєлы ди
вными виноградьı ѡбитєлными
домы црк҃вьными и кн҃зьми гро
зными боѩры чт҃ными вєльмо
жами многами всєго єси исполь
нєна зємлѧ рꙋскаѧ ѡ̀ прававерь
наѩ вѣра хр҃тиѩньскаѩ. ѿсєлѣ до
ѹгоръ и до лѧховъ до чаховъ ѿ чахо //
до ѩтвѧзи и ѿ ѩтвѧзи до литвы до нє
мєць ѿ нємєць до корєлы. ѿ корєлы
оустькга гдѣ тамо бѧхоу имици
поганїи и за дышючимъ морємъ ѿ мо
рѧ до болгаръ ѿ болгаръ до боуртасъ ѿ
боуртасъ до чєрмисъ ѿ чєрмисъ до мо
рдви то всє покорєно было бг҃омъ
крт҃иѩньскомоу ѩзыкоу поганьскыѩ
страны вєликомоу кн҃зю всєволодоу.
ѡ̀ц҃ю єго юрью кн҃зю кыєвьскомоу дѣ
доу єго володимєру и мана(ма)хоу которымъ
то половоци дѣти своѣ ношахꙋ в ко
лыбєли а литва из болота на свѣтъ
нє выникываху а оугры твєрдѧхоу.
камєныи городы жєлѣзными вороты
абы на ни вєликыи володимєръ тамо нє въ
ѣхалъ. а нѣмьци рѧвахꙋсѧ далєчє боу
доучє. за синимъ морємъ боуртаси.
чєрємиси. вѧда и мордва бортьнича
хоу кн҃зѧ вєлико володимєра и жюръ
маноуилъ црѣгорѡдскыи і опасъ имѣѩ
понє и вєликыѩ дары посылаша к нє
моу абы под нимъ вєликыи кн҃зь во //
лодимєръ цр҃ѧгорода нє взѧ. а в ты дни болѣ
знь крт҃иѩно ѿ вєлика ѩрослава и до воло
димєра и до нынѣшнѧ ѩрослава и до бра
та є юрьѧ кн҃зѧ володимєрска.

. . . . . .

(15)

Грамота Псковского князя Ивана Александровича (ок. 1465 г.)

☩ ѿ кнѧжа псковъского ивана. александрови҃ и ѿ по
садни҃. псковъского степенного. максима лари
вонови. и ѿ всехъ посадниковъ псковъскихъ
и ѿ боѧръ псковъскихъ. и ѿ купцовъ и ѿ всего пскова
5 суседомъ нашимъ. посадникомъ рижкимъ. и рат
маномъ рижкимъ. здесе залуютсѧ намъ. молоди
и люди купцини. иване. да кузма. на вашего
брата на иволта. что тотъ иволтъ не знаѧ б҃га
вдержалъ нашихъ купцинъ ивана да кузму
10 .е҃. днеи. а искалъ на нихъ. животу брата сво
его ивана. что убилъ брата его. слуга его
жь, а искалъ на нихъ чепи зо҃ ҃тои да дву ковшо
въ серебраныхъ да кругу воску да белке
безъ числа. да полътре́ѧдчати бочекъ пи
15 ва. да .д҃. и бочекъ меду пресного. ино посадни
ки и ратмани того росмотрите. мы тому велми
дивимсѧ. что теи. иволтъ. не право чинить что
на нашихъ правыхъ людехъ ищетъ. цего
у брата его и не было. было то так ка҃ бра его
20 убивъ слуга тую жь ноць жбегле ино ѿста
ло҃ у него. полътретиѧ дьчать боцекъ пива. да
.д҃. бочке меду сыценого. ино тое пиво и м҃дъ
поимали наши люди кому былъ иване
виноватъ. а животъ его за печать҃ лежалъ
25 на городе. потомъ приехавъ иволтъ просилъ
у насъ исправе головника и животу и пива и ме
ду и мы ѿбыскавъ головника. выдали и живо
тъ брата его. и ѿнъ еще почалъ просити пива
и меду. и мы поставили передъ иволтомъ ты
30 хъ людеи. которий имали пиво и медъ за свой пе
нежи. иволтъ стоѧ говорилъ такъ мой братъ не
винова былъ никому жь. и мы ѿвечали иволту
мы тобе. с тыми людьми судъ. дадимъ по пскои
послине. и ѿнъ ѿвечалъ ѧзъ приехалъ въ пско҃ не та
35 гатсе. и вы посадники рижкий. и ратмани
не даваите воли такимъ збродныѧмъ надъ наши
мы купцинамы. что бы ѿпа҃ не ҃држалъ нашихъ
купцинъ никого. а надобно ему на тыхъ людехъ
искати. которий. поимали пиво и медъ за свой
40 пенежи. и ѿнъ пусть едетъ ко пскову мы ему судъ дадимъ
жалуютсѧ иване филимонове. да кузма креневе
на ивана. на кортавого. взалъ у нихъ .к҃. гривенъ
а взалъ передъ судьеѫ. передъ кортомъ. что на кескои
улици живетъ.

(16)

Задонщина (по списку XV века)

... писаніе софо ніа старца рѧзанца блгви ѿ: Задонщина великого кнѧзѧ гна димитріа ивановичь. и брата его кнѧзѧ володимера ѡндрѣеви. пойдемъ брате в полоунощноую страноу. жребіи афетовоу сна ноева. ѿ негоже родисѧ роусь преславнаѧ. ѿ толе взыдемъ на горы киевьскыѧ. первѣе всѣхъ вшедъ восхвалимъ вѣщаго, гобоѧна в городѣ в киевѣ. гораздогоу дца. той бо вѣщіи боѧнъ воскладаѧ свои златыѧ персты на живыѧ строуны. поаше славоу роусскымъ кнѧземъ. первомоу кнѧзю рюрикоу. игорю рюрикови. и стославоу ѧрославичю. ѧрославоу володимѣровичю. восхвалѧѧ ихъ пѣсми и гоуслеными боуйными словесы. на роусскаго гна кнѧзѧ дмитріа ивановичь. и брата его кнѧзѧ володимера ѡндрѣеви. занеже ихъ было моужество и желаніе за землю роусьскоую. и за вѣроу хрстіаньскоую. ѿ тоѧ рати и до мамаева побоища. се азъ кнѧзь великы дмитріи ивановичь. и братъ его кнѧзь володимеръ ѡндрѣевичь. поѡстриша срца свои моужествоу. ставше своѥю крѣпостью помѧноувше прадѣда кнѧзѧ володимера киевьскаго црѧ роусскаго. ѧко ронокъ птица въ красныѧ дни оутѣха. взыди подъ синѥ

е ѡблакы, пои славоу великомоу кнѧзю дмитрею ивановичь. и братоу его володимероу ѡндрѣеви. ѡни бо, взѧлисѧ какъ соколи со земли роусскыѧ. на полѧ половетцкаѧ. кони ржоуть на москвѣ. боубны бьютъ на коломнѣ. троубы троубѧ в серпоуховѣ. звенить слава по всеи земли роусьскои. чюдно стѧзи стоѧть оу доноу великого. пашоутсѧ хоригови берчати. свѣтаютъ калантыри з(л)ачены. звонѧ колоколи вѣчніи в великомъ в новѣгородѣ. стоѧть моужи наоугородци оу стыѧ софіи. ѧркоучи таковоу жалобоу. оуже намъ брате к великомоу кнѧзю дмитрею ивановичю на пособь не поспѣти. тогды ѧки ѡрли слѣтошасѧ со всеѧ полоунощныѧ страны. тоти, не ѡрли слѣтоша съехалисѧ всѣ кнѧзи роусскыѧ к великомоу кнѧзю дмитрію ивановичь, на пособь. ѧркоучи такъ. гне кнѧзь великыи оуже поганіи татарове на полѧ на наши настоупаютъ. а вотчиноу нашю оу насъ ѡтнимають, стоѧть межю дономъ и днѣпромъ. на рицѣ на чечѣ. и мы гне пойдемъ за быстроую рѣкоу донъ оукоупимъ землѧмъ диво. старымъ повѣсть. а младымъ памѧть. тако реч кнѧзь великыи дмитріе ивановичь, своеи бра

⁸⁵ тїи роускимъ кн҃земь, бра
тьеца моя милая роускїе
кн҃зи. гнѣздо есмѧ были
едино кн҃зѧ великаго ива
на данильеви. досюды е
⁹⁰ смѧ были брате никоуды
не изобижены. ни соколоу
ни кре҃стребоу. ни бѣлоу креча
тоу, ни томоу псоу погано
моу мамаю. славїи птица
⁹⁵ чтобы еси выщекотала сїа
двѣ брата два с҃на вольѣ
рдовы. андрѣѧ половетца
го. дмитрїа браньскаго.
ти бо, баше сторожевыя
¹⁰⁰ полки, на щитѣ, рожены.
под троубами поють. по ше
ломы възлелѣяны. конець
копїѧ вскормлены. с востра
го меча поены в литовьско
¹⁰⁵ и земли. молваше андрѣ
и к своемоу братоу дмитре
ю сама есма два брата.
дѣти волы рдовы. вноуча
та едиментовы, правноу
¹¹⁰ чата сколдимеровы. сѧ
демь брате на свои борзи
комони. испиемь брате ше
ломомь своимь воды быстро
го доноу. испытаемь мечи
¹¹⁵ свои боулатныя. оуже бо
брате стоукъ стоучить, и
громъ гремить в славнѣ
городѣ москвѣ. то ти бра
те не стоукъ стоучить, ни
¹²⁰ гро громи. стоучить силна
ѧ рать великаго кн҃зѧ ива
на дмитрїеви. гремѧть
оудалци золочеными шело
мы. черлеными щиты. сѣ
¹²⁵ длаи брате ѡндрѣи свои
борзи комони. а мои гото
ви напреди твои ѡсѣдлани.
оуже бо встаща силнїи вѣ
три с морѧ. прилелѣяша

¹³⁰ тоучю великоу на оусть нѣ
пра, на роускоую землю. и
стоучи, выстоупи крова
выя ѡболока. а из нихъ па
шють синїе молньи быти
¹³⁵ стоукоу и громоу великоу
межю доном и непромь.
идеть хинела на роускоу
ю землю. сѣрїе волци во
ють. то ти были не сѣрїе
¹⁴⁰ волци. придоша поганые
татарове. хотѧть прои
ти воючи. взѧти всю зе
млю роускоую. тогѫ же гу
си гоготаша, и лебеди кри
¹⁴⁵ лы въсплескаша, то ти, не
гоуси гоготаша ни лебеди
крилы въсплескаша. се бо,
поганы мамаи приведе во
и свои на роусь. птици н҃ны
¹⁵⁰ а пасоущесѧ то по синїе ѡ
болока ворони грають. га
лици свои рѣчи говорѧть.
ѡрли восклегчють, волци
грозно воють, лисици часто
¹⁵⁵ брещють. чають побѣдоу
на поганыхъ. аркоучи та
къ землѧ еси роускаѧ. ка
къ еси была доселева за цре
мь за соломоно. такъ боуди
¹⁶⁰ и н҃нча за кн҃земъ велики
дмитрїемь ивановичемь,
тогѫ же соколи и кречати.
бѣлозерскїе ястреби, по
звонѧть своими злачены
¹⁶⁵ ми колоколци, оуже бо сту
къ стоучить. и громъ гре
мить, рано пре зорею, то
ти не стоукъ стоучить, ни
громъ громи. кн҃зь володи
¹⁷⁰ мерь ѡндрѣеви ведеть во
и свои. сторожевыѧ полки
к быстромоу доноу. аркоу
чи такъ, г҃не кн҃зь дмитре
и не ѡслаблѧи. оуже г҃не по

175 ганы́ татарове на пола
на наши настоупають. а̃
вои наши ѿнима́ють. то
гда же кнзь велики́ дми
трей и҆вановн, стоупи, во
180 свое златое стремА, всѣ
д на свои борзый конь.
прі҆имаѧ копі҆е в правоую
роукоу. слнце емоу на всто
цѣ семтабрА ·и· в средоу на
185 р̃тво пр̃тнА б̃цА ѩсно свѣ
тить поуть емоу повѣда
еть. борись глѣбь мл̃тву
творать за сродники свои.
тогд̃а соколи и҆ кречати бѣ
190 лозерскыА ѩстреби, борзо
за донь перелетѣша, оуда
ришА на гоуси и на лебеди.
гра́ноуша копі҆а харалоу
жны̀А. мечи боулатныА.
195 топори легкі҆е. щиты моско
вьскы̀А. шеломы нѣмецкі҆е.
бод()аны бесерменьскыА
тогда полА костьми на
сѣ̃шны, кровьми поли҆ано,
200 воды возпиша, вѣсть
подаваша порожнымь
землАмь за волгоу, к же
лѣзнымь вратомь к ри́моу,
до черемисы. до чАховь до
205 лАховь. до оустюга пога
ныхь татарь. за дышоу
щсѣ моремь. того даже //
было нелѣпо староу помоло
дитисА, хоробрыи пересвѣ
210 поскакиваеть на своемь
вѣщемь сивцѣ. свисто
мь полА перегороди. а҆ркоу
чи таково слово. лоучши бы
есмА сами на свои мечи на
215 верглисА. нежели, намь ѿ ·
поганыхь положены пасти,
и҆ ре̃ ѿслеба братоу своемоу
пересвѣтоу. оуже бр̃ виж̃у
раны на срди твоемь тА́жк ·

220 оуже твоеи главѣ пасти
на сыроую землю, на бѣ
лоую ковылоу. моемоу ча
доу и҆А́ковоу. оуже брате
пастоуси не кличють, ни
225 троубы не троуб́ать. толко
часто воронн грають. зо
гзици кокоують на троу //
пы па́даючи, тогда же не
тоури возкрыкають, на по
230 лѣ коуликовѣ на рѣчкѣ
непрАднѣ. взоп́аша и҆збі҆е
ні҆и ѿ поганыхь, кн̃зи ве
лики. и҆ болАрь сановны.
кн̃зА фед̃ра романовича
235 бѣлозерскаго и҆ сн̃а е҆го кн̃А
зА ивана. микоулоу васи
льевнча. фед̃рь мемко. и҆
ванъ сано. михаило вренко
въ. ѣаковь ѿслебатинь. пе
240 ресвѣть чернець. и҆ и҆наѧ
многаѧ дроужина. тогда
же восплакашА горко же
ны болАрыни по свои ѿспо
дарѣхъ, въ краснѣ градѣ
245 москвѣ. восплачетсА же
на микоулина мр̃і҆А. а҆ркоу
чи таково слово. до́не, //
доне быстрый доне. проше
л еси землю половецкоую.
250 пробил е҆си берези хара́оу
жныА. прилелѣи моего ми
коулоу васильеви. воспла
четсА жена и҆ванова фед̃о
сі҆А. оуже наша слава пони
255 че в славнѣ городѣ москвѣ.
не ѿдина мт̃и чада изо
стала, и҆ жены болАрскыА
моужеи свойхь и҆ ѿспода
ревь ѿстали. гл̃ще к себѣ
260 оуже сестрицы наши моу
жеи наших в животѣ нѣ
тоу. покладоша головы свои
оу быстрого доноу за
роускоую землю за ст̃ыА це

ркви. за православною
вѣроу з дивными оудалци.
с моужескыми сны. в лѣ.
з҃. ѿ. пи. бы мамаевчина
мама такъ за доном на
оусть непрадвы, тогды бы
ло блгвщеніе на пасхоу. по
смрти алексѣа митропо
лита на третеи годъ бои бы́,
в лѣ. з ѿ. пе. во праздникъ
вознесеніа гна приѣде изо
цра града на роу̀ кипріанъ
митрополитъ. годъ споу
ста по задончинѣ. в лѣ. з
ѿ. ч. бы тахтамышеви
на авгоу. к. на кнза на дм҃
тріа иванови и взѧ москвоу
и много зла сътвори. в лѣ. з.
ча. кнзь велики дмитріе

сослалъ кипріана на митро
полита на третеи годъ по за
дончинѣ. в лѣ. з. ѿ. чз.
маиѧ еі. престави кнзь
велики дмитреи ивановь. по
задонщинѣ на ѿсмои годъ
в лѣ. з. ѿ. чз. выиде изъ цра
града кипріанъ митрополи
тъ а с нимъ два митрополи
та послы. в лѣ. з. ц. ѕ. ке.
престави старець сергіи по
задонщинѣ .гі. лѣ прешло.
тоеже ѿсени ѿ. кд. выиде и
зорды кнзь велики василіе
дмитріеви. в лѣ. з. ц. еі. се,
еі. престави кипріанъ митро
политъ пасъ црквь бжію лѣ.
л҃. боу нашемоу слава ннѣ:·

XVI ВЕК

(17)

Из сокращенной Новгородской Лѣтописи по Супрасльской рукописи.
ѿ Мамаи:

Мамаи же того не въ мнози оу̀бѣжа и́ прибѣжа въ свою землю
в малѣ дроужинѣ, видѧ себе бита, оубѣжавша, посрамленна и́
пороуганна: и́ гнѣвашесѧ паки, ѧрасѧ, смоущаше зѣлш, и́ събра
ѿстаточноую свою всю силоу, ѣще въсхотѣ ити изгонѿ на Роусь.
Сице же ѣмоу оу̀мыслившоу, и́ се приіде ѣмоу вѣ: идетъ на тѧ
нѣкый црь съ востока, именемъ Тахтамышъ изъ Синей ѿрды. Мамаи
же з готовой ратью пойде противоу ѣго, и́ срѣтошасѧ на Калкахъ
и́ бы и́мъ бой: и́ црь Тахтамышъ побѣди Мамаа, прогна ѣго. Князи
же Мамаѣвы, сшѣше с конїи своихъ, биша чоломъ црю Тахтамышъ и́
даша ѣмоу правдоу по своѣи вѣре и́ ашѧ за него, а Мамаи
ѿставиша пороугана. Мамаи же то видѣ, скоро побѣжа съ своими
ѣдиномысльники, црь же Тахтамышъ послаа за ними в погоноу воѧ
свояа. Мамаи, гонимъ сый и́ бѣгаѧ прѣ Татамышевы гонителѣ,
прибѣжа близъ Кафы и́ съсласѧ с Кафинци по докончанію и́ по
ѿпасоу, дабы ѣго пріѧли на избавленіе, дондеже избоудетъ ѿ
гонѧщи ѣго, и́ повелиша ѣмоу. И́ прибѣжа Мамаи в Кафоу съ
множество имѣнїа, злата и́ сребра: Кафинци же съвѣщавшесѧ,
сътвориша нѧ ни́ ѿблесть, и́ тоу оубіенъ бы ѿ ни. И́ тако
Мамаи злѣ сконча животъ свой.

(18)

Письмо великого князя Василия Ивановича княгине Елене Васильевне
(1530-1532 г.)

Отъ Великого Князя Василья Ивановича всеа Русіи, женѣ моей Оленѣ. Что меня не держишъ безъ вѣсти о своемъ здоровьѣ, ино то дѣлаешъ гораздо. И тыбъ и впередъ не держала меня безъ вѣсти о своемъ здоровьѣ, какъ тобя Богъ милуетъ; да и о Иванѣ сынѣ
5 ко мнѣ отипиши, какъ его Богъ милуетъ. А язъ здѣсе, милостію Божіею и пречистые Его Матери и святыхъ чюдотворцовъ молитвою и родительскою молитвою, сѣми часы; далъ Богъ живъ до Божіей воли и по-здорову есми совсѣмъ. Да писала еси ко мнѣ напередъ сего, что противъ пятницы Иванъ сынъ покрячѣлъ; а нынѣ писала еси ко
10 мнѣ, что у сына Ивана явилось на шеѣ подъ затылкомъ мѣсто высоко да крѣпко: а напередъ сего о томъ еси ко мнѣ не писала. А нынѣ пишешъ, что утрѣ, в недѣлю, на первомъ часу, то мѣсто на шеѣ стало у него повыше да и черленѣе, а гною нѣтъ, и то мѣсто у него поболаетъ. И ты ко мнѣ напередъ того чего дѣля о томъ не писала?
15 а написала еси, что Иванъ сынъ покрячѣлъ. И тыбъ ко мнѣ нынѣ отписала, какъ Ивана сына Богъ милуетъ, и что у него таково на шеѣ явилося, и которымъ обычаемъ явилося, и сколь давно и каково нынѣ? И со княгинями бы еси и зъ боярынями поговорила, что таково у Ивана сына явилося и живетъ ли таково у дѣтей у малыхъ? и будетъ
20 живетъ, ино съ чего таково живетъ, съ роду ли, или съ иного съ чего? о всемъ бы еси о томъ зъ боярынями поговорила и ихъ выпросила, да и ко мнѣ о томъ отписала подлинно, чтобъ то язъ вѣдалъ. Да и впередъ какъ чаютъ, ни мака ли то будетъ? и что про то ихъ промыслъ, чтобы мнѣ и то вѣдомо было; и какъ нынѣ тобя Богъ
25 милуетъ и сына Ивана какъ Богъ милуетъ, о всемъ о томъ ко мнѣ отпиши. А писалъ у меня сію грамоту діакъ мой Меншыкъ Путятинъ, а запечаталъ есми ее своимъ перьстенемъ.

(19)

Из Домостроя Сильвестра

31. Како дѣти оучити и страхомъ спсати
Казни сна своего ѿ юности
его и покоитъ тѧ на ста
5 рость твою и дастъ красо
ту дши твоеи и не ѿслаблѧи
биа млца аще бо жезломъ
біеши его не оумретъ но здрав
е будетъ ты бо биа его по те
10 лу, а дшу его избавлѧеши ѿ
смрти, дщерь ли имаши поло
жи на ни грозу свою соблюдѣ

ши ѧ ѿ телесны да не посра
миши лица своего да в послу
15 шаніи ходи да не свою волю
пріимши и в неразуміи про
куди, дѣвство свое, и сотво
рится знаемъ твоимъ в по
смѣхъ и посрамѧ тѧ прѣ мно
20 жествомъ народа аще бо ѿда
си дщерь свою бес порока то
ѩко велико дѣло совершиши
и посреди собора похвалишисѧ
при концы не постонеши на ню

любя же сна своего оучащаи
ему раны да последи ѿ нем
возвеселишися казни сна сво
его измлада и порадуешися
ѿ нем в мужествѣ и посре
ди злыҳ похвалишися и зави
сть пріимут враги твоя,
воспитаи дѣтище с прещеніе
мъ, и ѿбращеши ѿ нем по
кои и блгословеніе, не смѣи
ся к нему игры твора в мале
бо ся ѿслабиши в велицѣ побо //

лиши, скорбя, и после же тако
ѿскомины твориши дши тво
еи и не дажъ ему власти во
юности но сокруши ему ребра
донележе растетъ а ѿжесь
точавъ не повинѣ ти ся и будеть
ти досаженіе и болѣзнь дши
и тщета домови погибель имѣ
нию и оукоризна ѿ сусѣдъ
и посмѣхъ пред враги пред вла
стію платежь и досада зла.

(20)

Грамота царя Ивана Васильевича князю Андрею Курбскому,
скрывавшемуся в Польше (1577 г.)

Всемогущіе и вседержительные десница дланію содержащаго
всея земли конца Господа Бога и Спаса нашего Исуса Христа, иже
со Отцемъ и Святымъ Духомъ, во единствѣ покланяема и славима,
милостію своею благоволи намъ удержати скиеетры Росіского
царьствія смиренным и недостоиным рабомъ своимъ, и отъ его
вседержавныя десница христоносныя хоругви, сице пишемъ мы,
великіи государь, царь и великіи князь Иванъ Васильевичъ всея
Русіи, Владимерскіи, Московскіи, Новугородцкіи, царь Казанскіи,
и царь Астроханскіи, государь Псковскіи, и великіи князь
Смоленскіи, Тверскіи, Югорскіи, Пермьскіи, Вятцкіи, Болгарьскіи //
и иныхъ, государь и великіи князь Новагорода Низовскіе земли,
Черниговскіи, Резанскіи, Бѣлоозерскіи, государь отчинныи и
обладатель земли Лиелянскія Немецького чину, Удорскіи, Обдор-
скіи, Кондіискіи и всея Сибирскія земли и Сѣверные страны
повелитель — бывшему нашему боярину и воеводѣ, князю Андрѣю
Михаиловичу Курбскому.

Воспоминаю ти, о княже, со смиреніемъ: смотри Божія смотре-
нія величество, еже о нашихъ согрешеніяхъ, паче же о моемъ
беззаконіи, ждый моего обращенія, иже паче Монасія беззаконовахъ
кромѣ отступленія, и не отчаяваюсь Создателева милосердія, во
еже спасену быти ми, яко же рече во святомъ своемъ евангеліи,
яко радуется о единомъ грѣшницѣ кающемъся, нежели о девяти-
десятъ и девяти праведныхъ; тако же о овцахъ и о драгмахъ
притчи. Аще бо и паче числа песка морскаго беззаконія моя,
но надѣюся на милость благоутробія // Божія: и можетъ пучиною
милости своея потопити беззаконія моя, яко же и нынѣ грѣшника
мя суща, и блудника, и мучиетеля помилова, и животворящимъ
своимъ крестомъ, иже издревле Амалика и Максентія низложи,
крестоносои преходящи хоругови, и никая же бранная хитрость
непотреба бысть, яко жъ не едина Русь, но и Нѣмцы, и Литва,

и Татарове, и многія языцы сведятъ. Самъ прося ихъ, уведаи
имъже имя написати не хощу, понеже не моя победа, но Божія.
Тебе жъ отъ многихъ мало воспомяну, вся бо досады, яже писалъ
еси ко мне, преже сего восписахъ ти о всемъ подлинно; ныне
35 отъ многа мало воспоминаю ти. Воспомяни убо реченное во Іове:
обшедъ землю и прохожю поднебесную, тако и вы хотесте съ
попомъ Селиверстомъ, съ Олексеемъ Адашевымъ и со всеми своими
семьями подъ ногами своими всю Рускую землю // видети; Богъ
же даетъ власть, емуже хощетъ.

40 Писалъ еси, что язъ растленъ разумомъ, яко жъ ни въ
языцехъ имянуемо, и я таки тебя судію и поставлю съ собою:
вы ли растленны, или язъ? Что язъ хотелъ вами владети, а вы
не хотели подъ моею властію быти, и язъ за то на васъ опалялся?
Или вы растленны, что не токмо похотесте повинны мне быти и
45 послушны, но и мною владесте, и мою власть съ меня сняте, и
сами государилися, какъ хотели; а съ меня есте государство
сняли: словомъ язъ былъ государь, а деломъ ничего не владелъ.
Колики напасти язъ отъ васъ пріялъ, колики оскорбленія, колики
досады и укоризны! И за что? Что моя предъ вами исперва вина?
50 Кого чимъ оскорбихъ? То ли моя вина, что Прозоровскаго пол-
тораста четье Ѳедора сына дороже? Попамятуй и посуди: съ ка-
кою // есть укоризною ко мне судили Сицково съ Прозоровскимъ,
и какъ обыскивали, кабы злодея! Ино та земля нашихъ
головъ дороже? И сами Прозоровскіе каковы передъ вами? Ино
55 то ужъ мы въ ногу ихъ не судны! А у батюшка, за Божіимъ мило-
сердіемъ и пречистые Богородицы милостію, и великихъ чудо-
творцевъ молитвою, и Сергіевою милостію, и батюшковымъ благо-
словеніемъ, и у меня Прозоровскихъ было не одно сто. А
Курлятевъ былъ почему меня лутче? Его дочерямъ всякое узоро-
60 чье покупай, — благословно и здорово, а моимъ дочеремъ, —
проклято да за упокои. Да много того. Что мне отъ васъ бедъ,
всего того не исписати.

А и съ женою вы меня про что разлучили? Только бы у меня
не отняли юницы моея, ино бы Кроновы жертвы не было. А бу-
65 детъ молвишь, что язъ о томъ не терпелъ и чистоты // не со-
хранилъ, —ино вси есмя человецы. Ты чего для понялъ стрелец-
кую жену? Только бъ есте на меня съ попомъ не стали, ино бъ
того ничево не было: все то учинилося отъ вашего самовольства.
А князя Володимера на царство чего для есте хотели посадити,
70 а меня и съ детми извести? Язъ восхищеньемъ ли, или ратью,
или кровью селъ на государство? Народился есми Божіимъ из-
воленіемъ на царство; и не мню того, какъ меня батюшка по-
жаловалъ, благословилъ государствомъ, да и взросъ есми на
государстве. А князю Володимеру почему было быти на государ-
75 стве? Отъ четвертого удельного родился. Что его достоинство
къ государству которое его поколенье, разве ваше измены къ

нему, да его дурости? Что моя вина передъ нимъ? Что ваши ж
дяди и господины отца его уморили въ тюрьмѣ, а его и съ ма-
терью тако жъ держали въ // тюрьмѣ. И я его и матерь отъ
того свободилъ и держалъ во что въ урядствѣ; а онъ былъ уже
отъ того и отшелъ. И язъ такіе досады стерпѣти не могъ, —
за себя есми сталъ. И вы почали противъ меня больши стояти
да измѣняти, и я потому жесточаише почалъ противъ васъ стояти.
Язъ хотѣлъ васъ покорити въ свою волю, и вы за то какъ свя-
тыню Господню осквернили и поругали! Осердяся на человѣка,
да Богу ся есте приразили. Колико церквеи и монастыреи и
святыхъ мѣстъ испоругали естя и осквернили! Сами о томъ Богу
отвѣтъ воздадите. О семъ же паки умолчу; нынѣ о настоящемъ
восписую ти. Смотри, о княже, Божія судьбы, яко Богъ даетъ
власть, емуже хощетъ. Вы убо, яко діаволъ, съ Селиверстромъ
попомъ и съ Олексѣемъ съ Адашевымъ рекосте, яко же онъ во
Іовѣ хваляся: 'Обыдохъ землю и прошедъ поднебесную, // и под-
небесную подъ ногами учинихъ; и рече ему Господь: внятъ ли
на раба моего Іева?' Тако убо и вы мнѣсте подъ ногами быти
у васъ всю Русскую землю; но вся мудрость ваша ни во что же
бысть Божіимъ изволеніемъ. Сего ради трость наша наострися
къ тебѣ писати. Яко же рекосте:'нѣстъ людеи на Русіи, нѣкому
стояти'—ино нынѣ васъ нѣтъ а нынѣ кто претвердые грады Герман-
скіе взимаетъ? Но сила животворящаго креста, побѣдившая
Амалика и Максентья, грады взимаетъ. Не дожидаются грады
Германскіе бранного бою, но явленіемъ животворящаго креста
поклоняютъ главы своя. А гдѣ по грѣхомъ, по случаю, живо-
творящаго креста явленія не было, тутъ и бои былъ. Много
отпущено всякихъ людеи: спроса ихъ, увѣдаи.

А писалъ себѣ въ досаду, что мы тебя // въ дальноконыя
грады, кабы опаляючися, посылали, — ино нынѣ мы з Божіею
волею своею сѣдиною и дали твоихъ дальноконыхъ градовъ прошли,
и конеи нашихъ ногами перѣехали всѣ ваши дороги, изъ Литвы и въ
Литву, и пѣши ходили, и воду во всѣхъ тѣхъ мѣстехъ пили, — ино
ужъ Литвѣ нельзѣ говорити, что не вездѣ коня нашего ноги были.
И гдѣ еси хотѣлъ успокоенъ быти отъ всѣхъ твоихъ трудовъ, въ
Волмерѣ,и тутъ на покои твои Богъ насъ принесъ; а мы тутъ, з
Божіею волею сугнали, и ты тогда дальноконѣе поѣхалъ. И сія
мы тебѣ отъ многа мало написахомъ. Самъ себѣ разсуди, што ты
и каково дѣлалъ, и за что, и Божія смотрѣнія величества о насъ
милости; разсуди, что ты сотворилъ. Сія въ себѣ разсмотри и
самъ себѣ раствори сія вся. А мы тебѣ написахомъ сія вся, не
гордяся, ни дмяся—Богъ вѣсть; но къ // воспоминанію твоего
исправленія, чтобъ ты о спасеніи душа своея помыслилъ.

Писанъ въ нашеи отчинѣ Лиелянскіе земли, во градѣ Волморѣ,
лѣта 7086 года, государствія нашего 43, а царствъ нашихъ:
Росіискаго 31, Казанского 25, Астороханского 24.

(21)

Челобитная боярина Богдана Сабурова царю Ивану Васильевичу
(1579 г.)

Государю царю и великому князю Ивану Васильевичу всеа
Русіи холопъ твой Богданко Сабуровъ челомъ бьетъ. Писалъ еси,
государь, ко мнѣ холопу своему въ нынѣшнемъ 87 году марта въ
9 день съ Васильемъ Тарховымъ: Божіимъ судомъ боярина твоего
5 государева и воеводы князя Ондрѣя Ивановича Ногтева въ Казани
въ животѣ не стало, и ты, государь, велѣлъ нынѣ быть въ Козани
на князь Ондрѣево мѣсто воеводѣ своему князю Григорью Ондре-
евичю Куракину да мнѣ холопу своему Богданку. И мнѣ холопу
твоему Богданку менши быти князя Григорья Куракина невозможно.
10 И государь царь, покажи милость холопу своему, вели дать со
князь Григорьемъ Куракинымъ въ отечествѣ щет. А буде мнѣ
холопу своему для своей государевой службы не велишъ дать
счету нынѣче со князь Григорьемъ, и ты бъ, государь, милость
показалъ холопу своему, велѣлъ дати невмѣсную грамоту и вели
15 государь, мнѣ съѣзжатися холопу своему со князь Григорьемъ
вопче вмѣстѣ.

(22)

Из Псковской Судной грамоты (по списку XVI в.)

Се су͞ кна͞жей ѿ кле͞т покраду за зомко͞
или сани по͞ полстью или во͞ по͞ титагою
или лою͞ по͞ полубы. или вь ꙗмѣ или скота
оукрадают или сѣно сверху стога има͞
5 то все су͞ кна͞жои. а продажи в҃ дене͞ а҃ ра͞
бои нахо͞ грабеꙵ͞ .о҃. гривенъ, а кна͞жаа про
дажа .вꙵі. денегъ, да .д҃. денги кнзю и поса
нику. и҆ влч҃ню намѣстнику су͞ и на со͞у не
судитъ. ни суд҇ꙗмъ ни намѣстнику кна͞
10 жа суда не судите. а҆ которому поса͞ни
ку сѣсти на поса͞ниство, ино тому поса͞
нику крт҃ъ цѣловати. на томъ что ему
судитъ право по кре͞ному целованію. а горо͞
скими кунами не корыстоватиса. а судо͞
15 не мс҃титиса ни на кого͞. а҆ судомъ не ѿчии͞
а҆ праваго не погубити. а҆ виноватаго не
жаловати. а҆ безъ и҆справы чл҃ка не погуби
ти. ни на суꙵ͞ на вѣчи. а҆ кна͞зь и҆ посадникъ на
вѣчи суду не су͞тъ, судити имъ оу кнза на ...

XVII ВЕК

(23)

Письмо царевны Ксении Борисовны Годуновой тетке, княгине
Домне Богдановне. (29 марта 1609 г.)

Государынѣ моей свѣту тетушкѣ княгинѣ Домнѣ Богдановнѣ,
Борисова дочь Ѳедоровича Годунова челомъ бьетъ. Буди, госу-
дарыня, здорова на многіе лѣта, со всѣми своими ближними прі-
ятели. Пожалуй, государыня, пиши ко мнѣ о своемъ здоровьѣ; а
мнѣ бы про твое здоровье слышавъ, о Господѣ радоватися. А про
меня похочешъ вѣдати, и я у Живоначальные Троицы, въ осадѣ,
Марта по 29 день, въ своихъ бѣдахъ чуть жива, конечно болна,
со всѣми старицами; и впредь государыня, никако не чаемъ себѣ
живота, съ часу на часъ ожидаемъ смерти, потому что у насъ, въ
осадѣ шатость и измѣна великая. Да у насъ же, за грѣхъ за
нашъ, моровая повѣтрея: всякихъ людей изняли скорби великія
смертныя, на всякой день хоронятъ мертвыхъ человѣкъ по два-
дцати и по тридцати и болши, а которые люди по ся мѣсто ходятъ,
и тѣ собою не владѣютъ, всѣ обезножили. Да пожалуй отпиши ко
мнѣ про Московское житье, про все подлинно; а язъ тебѣ, госу-
дарынѣ своей, много челомъ бью.

(24)

Письмо служительницы Годуновой, Соломониды Ржевской, своей матери
(6 іюля 1609 г.)

Государынѣ моей, свѣту-надежѣ матушкѣ Ѳеѳанѣ Савиновнѣ,
дочеришка твоя Соломанидка челомъ бьетъ; а Буди, государыня,
спасена и покровена десницею Вышьнего; а пожалуешь, госуда-
рыня, похошь вѣдать про меня, и я, государыня матушка, жива,
послѣ Петрова дни недѣлю, а нѣту мнѣ, государыня матушка,
здѣси никоторыя нужи, Ольги Борисовны милостью. Да здѣся,
государыня матушка, былъ у насъ приступъ къ монастырю, канунъ
Петрова дни, и зажигали огненымъ боемъ: и Божьею милостью и
Пресвятыя Троицы и Сергія Чюдотворца милостью, ничего не
вредили монастыря: зажигали многижда, а гдѣ огнянка ни падетъ,
тутъ не загоритца; а приступъ былъ крѣпкой. Не бывала, госу-
дарыня матушка, такая страсть у насъ; а воровъ, государыня
матушка, побили многихъ на приступѣ. Да отпиши, государыня
матушка, ко мнѣ, здорово ли наши родители; да пожалуй, госу-
дарыня матушка, вели ко мнѣ отписывать о своемъ здоровьѣ,
какъ тебѣ Богъ милуетъ: а мнѣ, государыня матушка, отъ тебя
граматка не бывала отъ Великаго мясоѣду и до Петровыхъ за-
говѣенъ; а язъ тебѣ своей государынѣ челомъ бью. Да отпиши,
государыня матушка, ко мнѣ: есть ли у тебя нынѣ жоначка или
дѣвька? Да писалъ, государыня матушка, ко мнѣ Макарей Карякинъ,
чтобы я къ нему отписала,: и ты, государыня, пожалуй скажи

Макарью, что Федоръ Карыцовъ живъ, а Кашпировъ сынъ Дмитрей умеръ, а мы его и схоронили: Ольга Борисовна пожаловала рубль на похороны, денегъ, а то было схоронить нечѣмъ. А
25 моръ, государыня, у насъ унялся, а не осталося людей ни трети.

(25)

Письмо инокини Марфы Патриарху Филарету (2 іюня 1620 г.)

Вышеестественному въ подвизѣхъ и равноангелному изволеніемъ, истинному кормчію Христова корабля, неблазненно той направляющу во пристанище благочестія, великому государю, святѣйшему Филарету Никитичю, Божіею милостію патріарху Мо-
5 сковскому и всея Русіи, старица Мареа вашему святителству челомъ бьетъ. Маія, государь, съ 30 числа, противъ середы въ ночи, по грѣху моему, Государь и свѣтъ очію моею, пресвѣтлый Царь и Великій Князь Михайло Ѳедоровичь всея Русіи понемог сторонкою; и тое, государь, ночи и не опочивалъ, маленко къ
10 свѣту поутишился и почало облехчевать. А помянулся прежней конской убой; а къ тому, государь, болшое, къ нынѣшнему ходу пришла кровь. А Нынѣ, государь, твоими святыми молитвами, подаровалъ Богъ ему, свѣту моему, совершенное здравіе; и по благословенію вашего святителства, по обѣщанію жъ нашему,
15 скончевать шествіе, и честныя обители святыя и единосущныя Троица ужъ близь есмя. Молимъ же ваше преподобство, да возслеши о насъ честныя ваши молитвы, яко да сподобитъ насъ всемогущій Богъ, по обѣщанію нашему, живоначалнѣй Троицѣ въ радости духовней праздновати и оттолѣ здраво въ царствующій
20 градъ возвратитися, и съ веселіемъ святолѣпное ваше лице видѣти и стопамъ вашего святителства поклонитись и челомъ ударити.

(26)

Из книги: Номоканонъ сирѣчь законоправилникъ (1624 г.)
Ѽ Волхованіи

Волсви оубо суть иже негли благотворныя бѣсы призываю, аще и во благая нѣкоегѡ съставленіа. скверноубійцы суть вси, и лестци произволеніемъ.

Аще кій ходатъ къ волхвамъ. и волхвуютъ, или звѣздословятъ,
5 или чаруютъ воски: — — или да навыкнутъ что, ѿ нихже не вѣдатъ, яко да воскъ излѣетъ имъ волхвъ, или олово, шесть лѣтъ, да не причастятся, по шестьдесятому правилу, еже въ Трулѣ, и по Осмьдесятомъ ве҃: Василіа. Священникъ же сіе творяй да извержется.

10 Елици волхвуютъ съ цыганки, и елици приводятъ волхва въ домъ свой. и чаруютъ имъ, идѣже боленъ есть, или ино что, лѣтъ пять да не причастятся.

Та́кожде и̑ а҆чме́нем и҆лѝ бо́бом волхву́ю̑щїи, ше́сть лѣ́тъ, да̀ не
[15] причаста́тса, по пе́рвои главѣ̀ М҃ сті́хїа въ Матее́и. Тому́же за-
прещѐнїю подлежа́т, и҆же свѣща̀ и҆лѝ пѣ́нази на̀ во́ду пуща́ю̑, Ѿту́ду
нѣ́что бл҃гополу́чно гадате́ствую̑ще. Та́кожде и̑ е҆ли́цы но́сат, хра-
ни́телнаа̑ Ѿ ѹ҆тра̀, и҆лѝ что̀ Ѿ си́цевых, и҆лѝ ѡ̑бѧза́нїа на дѣ́ти
свои̑. и̑ на живо́тнаа̑ възлага́ют, ѹ҆ро́ка ра́ди, ше́сть лѣ́т, по
[20] шестдеса́ а҃ му пра́ и҆же в Тру́лѣ.

А̑ и҆же призыва́етъ во́лхвы да̀ сътво́рат ча́ры, на па́кость и́нѣм
чл҃ком̑, и̑ се́и ꙗ҆кѡ же о҆н̑ запреща́етса, си́рѣ́ч, два́десать лѣ́тъ...
Матее́и же въ Пе́рвои главѣ̀ М҃ сті́хїа, гл҃е́т: ꙗ҆кѡ и҆же медвѣ́ди,
и и́ныа̑ звѣ́ри, за руга́лища на вре́д просте́ишихъ влеку́т, и҆лѝ ѡ̑б-
[25] лаки разго́нат, и҆лѝ пода́ю̑т храни́телнаа̑ или ры́зивъ и̑ щ҃а́стїе и̑ ро-
досло́вїе вѣ́рукт: ꙗ҆кѡ о́въ о̑убо̀ въ дн҃ь бла́г, о̑в же въ зо́л роди́са.
и҆лѝ мѣтносло́вїе, и҆лѝ Ѿпоа̑са́нїа, си́рѣ́ч, коню́ры и̑ шо́лки, на главу̀
свою̑, и̑ на вы́ю̀ възлага́ют, ꙗ҆кѡ недуги ѿгони́ти, и̑ ѹ҆ро́ки буе-
сло́ват, и҆лѝ змі́а̑ ѡ̑бно́сат въ не́дрѣх, и҆лѝ на о̑чи или на о̑уста̀
[30] своа̑, привлача́т си́хъ ко́жицы, ꙗ̑ко за здра́вїе не́где непщую̑ще.
и҆лѝ о̑усе́рази въ вели́кїи Четверто́къ свои́мъ дѣ́тем твора́т, и҆лѝ
Дв҃дскїа ѱа́лмы, и̑ имена̀ Мч҃ническаа̑ помина́ю̑ще, на вы́ю си вѣ́шают
и҆лѝ въ воспомина́нїе ст҃ре́и Хв҃ы́х в Пат҃о̀ вели́кїи узо́лцы себѣ̀ по
числу̀ бу́лїй ва́жут: и҆лѝ характи́ры, и҆лѝ ха́ртїю̀ съдержа́щую мл҃тву
[35] нѣ́жита, и҆лѝ б̑а́бы призыва́ют, на главоболѣ́нїа, и҆лѝ сплины, и҆лѝ на
болѣ́зни, и̑ не́дуги, превѧза́нїа творѧ́т, и̑ о̑ужа, призыва́ю̑ще бла-
готво́рныа̑ бѣ́сы, въ по́мощ и̑ здра́вїе̑ и҆м: и҆лѝ звѣре́м, и̑ му́жу,
и̑ женѣ̀, превѧза́нїа и҆зволѧ́ютъ и҆лѝ ду́ха пытли́ва и҆му́щым вѣ́ру-
ю̑тъ, и҆же Ѿ бѣ́совъ навыца́ю̑ще, предъглаго́лю̑тъ бу́дущаа̑, и҆лѝ
[40] б̑о́бу вѣ́рую̑ще. и҆лѝ и҆но волшебство, възвѣща́ю̑тъ и̑згибшее: и҆лѝ
чарова́нїе, за̀ ину нѣ́кую не́мощ, и̑ за̀ бу́рю чарова́ю̑тъ, и҆лѝ и҆но
что̀ Ѿ си́цевы́ притеца́ю̑ще, шестолѣ́тїе да запрета́са...

Низлага́ю̑т же сѧ мно́жицею и̑ свѧще́нници на събо́рѣ: е҆же
нѣ́коему случи́са, и҆же хлѣ́б Вели́кагѡ Четвертка́ дадѐ нѣ́кїим
[45] части да́же о̑укра́дена ѡ̑бра́щутса, Ѿ е҆же неудо́бнѣ сегѡ по-
хрѣ́ти.

И҆нъ нѣ́кїи свѧще́нникъ съ е҆у҃лїем, е҆му́же дре́во съсвѧ́зано
бы́сть, и̑ кругови́дно о̑браща́шеса, ѡ̑бвине́нъ, ꙗ҆кѡ испыта́нїе
творѧ́ше Ѿ нѣ́коихъ веще́х, съ ѱа́лмы Дв҃дв́ыми, а̑бі̑е изве́ржен
[50] бы́сть. Си́цевому су́ду поле́жа̀. и҆же имена̀ на ха́ртїахъ пи́шу́т, и̑
ключа̀ в ѱати́р влага́ют, Ѿту́ду ло́жнаа̑ вѣ́ща́ю̑ще. Но и̑ ст҃ым
и҆ко́намъ присѣда́щаа̑ жены̀, и̑ Ѿ си́х крѣ́плѧщаса прорица́ти бу́-
ду́щаа̑, ꙗ̑коже пытли́вый ду́хъ и̑му́щїи: тому́же пѡпа́дают запре-
ще́нїю. о̑ба́че е̑диною прелсти́вшыхса, та́же Ѿ зла̀ преста́вшыа̑,
[55] ме́нше запрещени̑ бу́ду.

Тому́же запреще́нїю подпада́ю̑т, и̑ и҆же глаго́лемыа̑ куркула́ки
съжига́ю̑т, и̑ Ѿ них кура́тса. ...

Такожде и ѥлици мещутъ дѣтища своѧ на распꙋтїѧхъ, да крти́тъ
ѕ ѡбрѣты́и, негли да жи́во бꙋ́детъ, ꙗ́коже бꙋесло́вѧтъ . . .
Въ тре́тей же главѣ, ҄в, сті́хїа, мѡѵсе́й глетъ ѿ вѣ́рныхъ, послѣ́-
дꙋющыхъ ѥллинскимъ ѡбы́чаеⷨ и плѧса́нїеⷨ на бра́цѣхъ, и на сто́гнꙋ
творѧ́щыхъ, или́ рꙋсалкѡ́, или́ глѧсове́нымъ пти́чїимъ вѣ́рꙋющи, или́ ново-
мѣ́сѧчїю, или оу́стрѣте́нїемъ или истѧза́нїемъ вънима́ющыхъ, и́ли
огнѧ́ пале́нїа на сто́гнахъ, ꙗ҄же творѧ́хꙋ ѥ́ллини дре́вле. а ннѣ
ꙗ҄коже ви́димъ хрїстїа́нскїѧ дѣ́ти сїѧ творѧ́тъ, в наве́черїѧ празд-
ничнаѧ, по нѣ́коемꙋ ѡбы́чаю дре́внемꙋ, или зва́нїѧ ꙗ҄же творѧ́тъ нѣ-
ци, въ дн҃ь вознесе́нїѧ, да ѿ ѻ҃нагѡ ща́стїе свое́ расмо́трѧ́т: или
въ ѻде́жꙋ же́нскꙋю мꙋ́жїе ѡ҄блачѧ́тсѧ, и же́ны въ мꙋ́жескꙋю: или нѧ́-
ли́чники, ꙗ҄ко же въ стра́нахъ лѧті́нскихъ злѣ́ ѡ҄быкоша творѧ́ть:
ѿ разли́чнаѧ ли́ца себѣ́ притворѧ́юще, и тѣ́ми многа́жды и са́мый чи́нъ
црк҃о́вный порꙋга́юще, тѣ́мъ же сїѧ творѧ́щыхъ въ ра́зꙋмѣ, сващенни́
ѹ҄бѡ изверже́нїю, лю́динѡⷡ же, ѿлꙋче́нїю, преда́етъ.

Ѡ чарѡ́вницехъ

И҄же чародѣ́йствꙋютъ, в дванадесѧтоднѣвномъ, съ прїе́млющыми
си́хъ чарова́нїа, и съ глаго́лющими ꙗ҄кѡ и́стина сꙋ́ть, анаѳема да
бꙋ́детъ: сїѧ бо вса̀ идѡлослꙋже́нїе ѥ́сть: а҄ще ли покѣ́етсѧ, да
запрѣти́тсѧ лѣтъ двѣ.
ѕ Вопро́съ; А҄ще ли сꙋ́ же́ны глаголе́мыѧ гилꙋ́ди, и҄ссыка́юще кровь
дѣте́мъ, и ꙋ҄мерщвлѧ́ютъ и҄хъ;
ѿвѣтъ. Сїѧ ѥ́сть дїа́волскаѧ пре́лесть, и ѿнꙋ́дъ не прїе́мли-
те сегѡ̀: Бг҃ъ бо мертви́тъ и жи́витъ, а҄ бѣ́сѡве нижѐ въ свинїа́хъ
не и҄мꙋтъ власти. ꙗ҄коже бо прельща́етъ во мертвъцѣ́хъ, и҄хже глѧ-
꙼ голютъ преиспо́дники, си́це и зде́, воздви́же нѣ́кихъ зла̀ѧ непще-
ва́ти ѿ чл҃цѣхъ. тѣмже по си́лѣ возбранѧ́й глаго́лющымъ что таково́.
. . .

А҄ и҄же ка́кѡ ви́дѧтъ нѣ́цїи мечты на пꙋти, сїе быва́етъ ѿ бѣ-
сѡⷡ, попꙋще́нїемъ бж҃ї́имъ. и҄бо чл҃ци в мѣ́стѡ бл҃г҃и́хъ, и до́брыхъ
слове́съ, сквозѣ́ ꙗ҄зы́къ, произно́сѧтъ дїа́вола, и поне́же того
ѿ при́сно призыва́ютъ. прихо́дитъ к ни́мъ ꙋсе́рдно ѿстꙋпи́вшꙋ Бг҃ꙋ.

(27)

Росписка в приеме стрелецкого хлебного запаса (1639 года)
Лѣта 7148-го декабря въ 26 день. По г(осудареву) ц(ареву)
и в(еликаго) к(нязя) Михайла Федороча всеа Русиі указу и по
наказу ис Стрелецкаго приказу за приписью дьяка Гаврила Ле-
вонтьева и по приказу Офонасья Ивановича Кривскаго Галицкие
ѕ выборные сошные целовальники Ѳома Макарьевъ с товарищи взяли
в государеву казну по новымъ писцовымъ книгамъ Галицкаго уѣзду
Окологородные волости вдовы Орины Яковлевы жены Шава з дѣтми
с Яковомъ, да с Иваномъ, да з дочерьми з дѣвками с помѣстья
з деревни Симана, Зирничь тож, з деревнями с чети без полпол-
꙼ третника, да ихъ же вотчины з деревни Бухарина з деревнями с

четырехъ четь пашни стрелецкаго хлѣбнаго запасу на нынешнеи
148-й годъ с обоихъ помѣстей с чети по четверику ржи по толку
же овса. Платилъ хлѣбъ Яковлевъ крестьянинъ Шава — Онофрей
Софоновъ. К сей отписи Офонасей Ивановичь Кривской печать свою
приложилъ.

(28)

Из Уложения царя Алексея Михайловича (1649 г.)

(Генваря. ҃ке.) Въ лѣто ҂зрнз г ҃ѡ, і ҃юля, въ ѕı день, Гдрь црь
и великіи кнзь алеѯѣи михайловичь всеѧ русіи самодержецъ, въ
двадесѧтое лѣто возраста своегѡ, въ третьеє лѣто б ҃гомъ хра-
нимыѧ своеѧ державы, совѣтовалъ съ ѻ ҃цемъ своимъ и б ҃гомоль-
цомъ, ст ҃ѣишимъ Іѡсифомъ, патріархомъ московскимъ и всеѧ русіи,
и съ митрополиты, и со архіеп ҃пкы, и съ еп ҃ископомъ, и со всѣмъ
ѡсщ ҃еннымъ соборомъ, и говорилъ с своими г ҃дрвыми боѧры, и с
околничими, и з доумными людьми, которые статьи написаны в
правилѣхъ ст ҃ыхъ ап ҃тлъ, и ст ҃ыхъ ѻ ҃цъ, и въ градцкихъ законѣхъ
греческихъ цр ҃еи, а пристойны тѣ статьи, к г ҃дрьственны и к
земскимъ дѣламъ, и тѣ быъ статьи выписать, и чтобы прежнихъ,
великихъ г ҃дреи цр ҃еи, и великихъ кн ҃зеи російскихъ, и ѻц ҃а его
г ҃древа, блаженныѧ памяти великаго г ҃дра цр ҃а и великаго кн ҃за
михаила ѳеѻдоровича всеѧ русіи, оуказы, и боѧрскіе приговоры
на всѧкіе г ҃дрьствен ные и на земскіе дѣла собрать, и тѣ г ҃дрьскіе
оуказы и боѧрскіе приговоры с старыми судебниками справити, а
на которые статьи в прошлыхъ годѣхъ, прежнихъ г ҃дреи в судеб-
никахъ оукaзу неположено, и боѧрскихъ приговоровъ на тѣ ста-
тьи не было, и тѣбы статьи потому же написати и изложити по
его г ҃дрву оукaзу ѡбщимъ совѣтомъ, чтобы московского г ҃дрьства
всѧкихъ чиновъ людемъ ѡ болшаго и доменшаго чину, соудъ и
росправа была во всѧкихъ дѣлехъ всѣмъ ровна. и оукaзалъ г ҃дрь
црь и великіи кн ҃зь алеѯѣи михайловичь всеѧ русіи то все со-
брати, и вдокладъ написати, боѧромъ кн ҃зю никитѣ ивановичю
ѡдоевскому, да кн ҃зю семену васильевичю прозоровскому да
ѡколничему кн ҃зю ѳеодору ѳеѻдоровичю волконскому, да дьѧкомъ
гаврилу левонтьеву, да ѳедору грибоѣдову.

А длѧ того своего г ҃дрва и земского великого цр ҃ьственного
дѣла оукaзалъ г ҃дрь, по совѣту со ѻ ҃цемъ своимъ и б ҃гомольцемъ
ст ҃ѣишимъ Іѡсифомъ патріархомъ московскимъ и всеѧ русіи, и
боѧре приговорили выбрать, из столниковъ, и из страпчихъ, и
из дворѧнъ московскихъ, и изжилцовъ исчину по два человѣка.
Такъ же всѣхъ городовъ, издворѧнъ и издѣтей боѧрскихъ, взѧти
изъ большихъ городовъ, ѡпричь новагорода по два человѣка, а
изъ новгородцовъ спѧтины по чл ҃ку, а изменшихъ городовъ по чело-
вѣку. а изгостеи трехъ человѣкъ. а изгостинные и иѕ суконные
сотенъ по два человѣка. а исчерныхъ сотенъ и изслободъ, и изго-
родовъ с посадовъ почл ҃ку, добрыхъ и смышленыхъ людеи, чтобы

его гдрво црственное и земское дѣло стѣми со всѣми выборными
людьми оутвердити, и на мѣре поставить чтобы тѣ всѣ великіе
дѣла, по нн͠шнему его гдрву оуказу, и соборному оуложенью
впредь были ничѣмъ нерушимы.

И по гдрву црву и великогѡ кн͠зя алеѯѣя михаиловича всеа
русіи оуказу, бояре кн͠зь никита ивановичь ѡдоевскои стоварыщи
выписавъ ис правилъ с͠тыхъ апл͠ъ и с͠тыхъ ѡц͠ъ, и и͠зградскихъ
законовъ, греческихъ цр͠еи, и и͠старыхъ судебниковъ прежнихъ
великихъ гдреи, и и͠зуказовъ бж͠енные памяти, великогѡ гдря цр͠я
и великогѡ кн͠зя, михаила ѳеодоровича всеа русіи, и избояр-
скихъ приговоровъ, и которыхъ статеи впрежнихъ судебникахъ, и
воуказѣхъ прежнихъ гдреи, и в бояр͠скихъ приговорѣхъ ненаписа-
но, итѣ статьи написавъ вновь къ гдрю приносили.

И в нн͠шнемъ во рн͠з м году, октября съ третьегѡ числа,
Гдрь цр͠ь и великіи кн͠зь алеѯѣи михаиловичь всеа русіи само-
держецъ, со ѡц͠емъ своимъ и зъ бг͠омолцемъ ст͠ѣишимъ іѡсифомъ
патріархомъ московскимъ и всеа русіи и с митрополиты, и со
архиепископы и с епископомъ, также и с своими гдрвыми бояры
и сокольничими и здоумными людьми того собранья слушалъ, и
выборнымъ людемъ которые к тому ѡбщему совѣту выбраны на
москвѣ и из городѡвъ чтено, чтобы то всѣ оуложенье впредь
было прочно и неподвижно. И оуказалъ гдрь то все оуложенье
написать на списокъ, и закрѣпити тотъ списокъ свтѣишему патрі-
арху московскому и всеа русіи, и митрополитѡмъ и архіеписко-
пѡмъ и епископу, и архимаритѡмъ и игуменѡмъ и всему ѡсщен-
ному собѡру, и своимъ, гдревымъ боярѡмъ и ѡкольничимъ и доум-
нымъ людемъ, и выборнымъ дворянѡмъ и дѣтем боярскимъ, и го-
стемъ и торговымъ ї посадцкимъ людемъ московского гдрьства
и всѣхъ городѡвъ росіиского цртва. А закрѣпя то оуложеніе
руками, оуказалъ гдрь списати в книгу дьякомъ гаврилу левон-
тьеву, да ѳедору грибоедову а с тое книги для оутверженья, на
москвѣ во всѣ приказы и в городы, напечатать многіе книги, и
всякія дѣла дѣлать потому оуложенію.

И по гдрву црву и великогѡ кн͠зя алеѯѣя михаиловича всеа
русіи оуказу, то оуложеніе на списокъ написано, и ст͠ѣиши
іѡсифъ патріархъ московскіи и всеа русіи, и митрополиты, и
архіепискѡпы, и епископъ и архимариты и игумены, и весь
ѡсвященнныи собѡръ также и бояре и ѡкольничіе, и доумные люди
и выборные дворяне и дѣтибоярскіе, и гости, и торговые по-
садцкіе люди к тому оуложенью наспискѣ, роуки свои приложили.
и стого оуложенія списанъ списокъ в книгу слово в слово. а
стое книги напечатана сія книга.

А какъ то оуложеніе, по гдрву црву и великогѡ кн͠зя алеѯѣя
михаиловича всеа русіи, оуказу чтено выборнымъ людемъ, и в то
время вотвѣтной полатѣ, по гдрву оуказу сидѣлъ бояринъ кн͠зь
юрьи алеѯѣевичь долгорукои. да с нимъ выборные люди.

(29)

Из сочинения Гр. Котошихина О России в царствование Алексея
            Михаиловича (гл. XIII)

2. А въ которые дни бываютъ праздники Господскія, или иныя
нарочитыя, и имянинные, и родилные, и крестилные дни: и въ тѣ
дни другъ зъ другомъ пиршествуютъ почасту.
  Ѣствы жа обычай готовить попросту, безъ приправъ, безъ
ягодъ и сахару и бесъ перцу и инбирю и иныхъ способовъ, мало-
солны и безуксусны. А какъ начнутъ ѣсти, и въ то время ѣствы
ставятъ на столъ по одному блюду, а иные ѣствы приносятъ съ
поварни и держатъ въ рукахъ люди ихъ, и въ которой ѣствѣ мало
уксусу и соли и перцу, и въ тѣ ѣствы прибавливаютъ на столъ:
а бываетъ всякихъ ѣствъ по 50 и по 100.
  Обычай же таковый есть: предъ обѣдомъ велятъ выходити къ
гостемъ челомъ ударить женамъ своимъ. И какъ тѣ ихъ жены къ
гостемъ придутъ, и станутъ въ полатѣ, или в-нзбѣ, гдѣ гостемъ
обѣдать, въ болшомъ мѣстѣ, а гости станутъ у дверей, и кланя-
ются ихъ гостемъ малымъ обычаемъ, а гости женамъ ихъ кланя-
ются всѣ въ землю; и потомъ господинъ дому бьетъ челомъ го-
стемъ и кланяетца въ землю жъ, чтобъ гости жену его изволили
цѣловать, и напередъ, по прошенію гостей, цѣлуетъ свою жену
господинъ, потомъ гости единъ по единому кланяются женамъ ихъ
въ землю жъ, и пришедъ цѣлуютъ, и поцѣловавъ отшедъ потомъ
кланяются въ землю, а та, кого цѣлуютъ, кланяетца гостемъ, ма-
лымъ обычаемъ; и потомъ того господина жена учнетъ подносити
гостемъ по чаркѣ вина двойного, или тройного зъ зельи,величи-
ною та чарка бываетъ въ четвертую долю квартаря, или малымъ
болши; и тотъ господинъ учнетъ бити челомъ гостемъ и кланяетца
въ землю жъ, сколко тѣхъ гостей ни будетъ всякому по поклону,
чтобъ они изволили у жены его пити вино; и по прошенію тѣхъ
гостей, господинъ прикажетъ пити напередъ вино женѣ своей, по-
томъ пьетъ самъ, и подносятъ гостемъ, и гости предъ питіемъ
вина и выпивъ отдавъ чарку назадъ кланяютца въ землю жъ, а кто
вина не пьетъ, и ему вмѣсто вина романѣи, или ренского, или ино-
го питья по купку; и по томъ питіи, того господина жена поклонясь
гостемъ пойдетъ въ свои покои, къ гостемъ же, къ боярономъ тѣхъ
гостей къ женамъ. А жена того господина, и тѣхъ гостей жены,
съ мужскимъ поломъ, кромѣ свадебъ, не обѣдаютъ никогда, развѣ
которые гости бываютъ кому самые сродственные, а чюжихъ людей
не бываетъ, и тогда обѣдаютъ вмѣстѣ. Такимъ же обычаемъ, и въ
обѣдъ, за всякою ѣствою господинъ и гости пьютъ вина по чаркѣ,
и романѣю, и ренское, и пива поддѣлные и простые, и меды роз-
ночные. И въ обѣдъ же, какъ приносятъ на столъ ѣствы круглые пи-
роги, и передъ тѣми пирогами выходятъ того господина сыновни
жены, или дочери замужніе, или кого сродственныхъ людей жены,
и тѣ гости вставъ и вышедъ изъ за стола къ дверямъ тѣмъ женамъ

кланяютца, и мужья тѣхъ женъ потомужъ кланяются и бьютъ че-
ломъ, чтобъ гости женъ ихъ цѣловали и вино у нихъ пили; и го-
сти цѣловавъ тѣхъ женъ и пивъ вино садятца за столъ, а тѣ жены
пойдутъ по прежнему, гдѣ сперва были. А дочерей они своихъ дѣ-
вицъ къ гостемъ не выводятъ и не указываютъ никому, а живутъ
тѣ дочери въ особыхъ далнихъ покояхъ. А какъ столъ отойдетъ, и
по обѣдѣ господинъ и гости потомужъ веселятца и пьютъ другъ
про друга за здоровья, розъѣдутца по домомъ. Такимъ же обы-
чаемъ и боярыни обѣдаютъ и пьютъ межъ себя, по достоинству, въ
своихъ особыхъ покояхъ; а мужского полу, кромѣ женъ и дѣвицъ,
у нихъ не бываетъ никого.

(30)

Письмо протопопа Аввакума боярынѣ Ф.П.Морозовой (1668-1669 г.

Прежде сихъ грамотокъ за четыре мѣсяца понудилъ мя Духъ
святый—сыну нашему восхотѣлъ //написать благословеніе къ брач-
ному совокупленію: въ нощи зжалися духъ мой о немъ и возго-
рѣся душа моя, да благословенъ будетъ къ женитвѣ. И стрѣльцу
у бердыша въ топорище велѣлъ ящечекъ здѣлать, и заклеилъ сво-
има бѣдныма рукама то посланейце в бердышъ, и далъ с себя ему
шубу и денегъ близко полтины, и поклонился ему низко, да от-
несетъ, Богомъ хранимъ, до рукъ сына моего свѣта, а ящичекъ
стрѣльцу дѣлалъ старецъ Епифаній; а посланейце я никому не по-
казалъ, послалъ ево и безъ твоего прошенія: у меня онъ благо-
словенъ будетъ Богомъ. Да пишешь ты ко мнѣ в сихъ грамоткахъ
на Ѳедора, сына моего духовнаго, чтобъ мнѣ ему запретить отъ
святыхъ тайнъ по твоему велѣнію, и ты, бутто патріархъ, ука-
зываешь мнѣ, какъ васъ дѣтей духовныхъ, управлять ко царству
небесному. Охъ, увы, горе! бѣдная, бѣдная моя духовная власть!
Ужъ мнѣ баба указываетъ, какъ мнѣ пасти Христово стадо! Сама
в грязи, а иныхъ очищаетъ; сама слѣпа, а зрячимъ путь указы-
ваетъ Образумься! Вѣть ты не вѣдаешь, что клусишь! Я вѣть знаю,
что межъ вами с Ѳедоромъ здѣлалось. Писалъ тебѣ прежъ сего в
грамоткѣ—пора прощатца; пѣть худо будетъ; та язва будетъ на
тебѣ, которую ты Ѳеодору смышляешь. Никакъ не по человѣку
стану судить. Хотя мнѣ тысячу литръ злата давай, не оболь-
стишь, не блюдись, яко и Епифанія, Евдоксія, дочь ты мнѣ ду-
ховная, не идешь у меня ни на небо ни в бездну. Тяжело тебѣ
отъ меня будетъ. Да ужъ приходитъ к тому. Чѣмъ боло плакать,
что насъ не слушала, дѣлала по своему хотѣнію—и привелъ боло
діаволъ на совершенное паденіе. Да еще надежа моя, упованіе
мое, Пресвятая Богородица заступила отъ діавольского осквер-
ненія и не дала діаволу осквернить душу мою бѣдную, но союзъ
той злый расторгла и разлучила насъ окаянныхъ, к Богу и чело-
вѣкомъ поганую вашу любовь разорвала, да в совершенное осквер-
неніе не впадете. Глупая, безумная, безобразная, выколи гла-

зища те свои челнокомъ, что и Мастридія; она лутче со еди-
нымъ окомъ (хотѣла) внити в животъ, нежели свои оцѣ имуще
35 ввержену быть в геену. Да не носи себѣ треуховъ тѣхъ; здѣлай
шапку, чтобъ и рожу ту всю закрыла, а то беда на меня твои
треухи те.
    /На лицевой стороне, на поле /:
    Ну, дружи со мной, не седритуй же! Правду тебе говорю. Кто
ково любитъ, тотъ о томъ печется, и о немъ промышляетъ передъ
40 Богомъ и человѣки. А вы мнѣ всѣ больны—и ты, и Ѳедоръ. Не
кручинься на Марковну: она ничего сего не знаетъ; простая
баба, право.

(31)
'О цыганехъ'
(Из рукописного сборника Проф. Тихонравова)

Цыганы напередъ показалися в нѣца люди неработливы а на вся
кое зло добрѣ муры и поганы дорѣ и ѡбразѡ диковаты и чены а
вѣры не дежа ни которые а в ѡно мѣсте не живу волочаца по все-
му свѣту а приду гдѣ по горо или к селу которые вѣры буде то
5 мѣсто ту вѣру и ѡни вѣрую а азы свои прѣнеи потаили а говорѧ
свои злодѣиски азыко которои собою иложии а не разумѣе ихъ
азыка нито а вѣда и морочи и кратъ дорѣ дѡторовати а жены и
всему тому злу больши умѣютъ а стане ворожи рукою а другою
краде а в морочее и ника несъ уберечи ѿ табы смори члвкъ а
10 не види а плае жоки носа бе рука что епачи а ѡманываю вся-
кими ѡмаками лоша покаже велику туну хоршу резву i вѡмѣ зо-
лоты или дене мно а ка купи хто ѡ продаца ѿехал та лоша
стане такова хуа что ни трицатѡ жерѧ не суди что ѡ ся да и
мѣдь золотѡ покаже желѣзо сереромъ здѣлае на кѡ через увиди
15 змею ѡбороти у ково дѣги увиди мыми ѡборотѧ поле сѣна и поле
соломы ѡго кладе дрова горѧ а сѣно и солома цѣло лежи а иные
мноie дьявоские чинѧ и длѧ то лю ихъ не любѧ и ѿ себѧ вы-
биваю а ѡни сами на ѡно мѣсте больши дву недѣ не поживу i
вести носѧ лазуныя мѣ городо а сказываю длѧ то в ѡно мѣсте
20 не живу что и да об тру за прѣние грехи что на ѡно мѣсте не
живу.

(32)
Письмо князю В.В.Голицыну от матери (ок. 1677 г.)

Свѣту моему Князю Василью Васильевичю, будь на тебѣ свѣтъ
мой милость Божія и мое грѣшное благословеніе отъ нынѣ и до
вѣка, здравствуй свѣтъ мой на многія лѣта, а ко мнѣ свѣтъ мой
прикажи писать про свое многолѣтное здоровье, какъ тебя свѣта
5 моего Богъ милуетъ. А про меня свѣтъ мой похошь вѣдать и про
невѣску и про дѣти; и мы на Москвѣ iюня въ 29 день до воли
Божій живы, а впредь Богъ воленъ. Да писалъ ты ко мнѣ свѣтъ
з гонцомъ съ Севскимъ про людей, чтобъ тебѣ людей прибавить; и
я свѣтъ Князь Юрью Алексѣевичю била челомъ объ людѣхъ, инъ

мнѣ отказалъ. Да с Путивльскимъ съ гонцомъ ты ко мнѣ пишешь, будто я к тебѣ ни о чѣмъ противъ твоихъ грамотокъ не пишу; и я свѣтъ мой противъ всѣхъ твоихъ грамотокъ к тебѣ пишу безпрестани, и что я въ городѣ услышу, и которыхъ людей в кои дни Государъ жаловалъ честью и в комноты, и я к тебѣ свѣтъ про то про все къ тебѣ писала съ гонцами со всѣми и съ лѣкаремъ и съ дьякомъ, развѣ къ тебѣ мои грамотки не доходятъ. А Князь Володимера Долгорукова свѣтъ велѣли остановить и Новгородцкому полку не велѣли к нему сходитца, в(ел)ѣли имъ по своимъ домамъ жить, сказываютъ для опасенія тамошнихъ странъ. Да приѣзжалъ свѣтъ къ Князъ Юрью Алексѣевичю Ивана Васильевича Бутурлина сынъ и сказывалъ ему, будто ты къ отцу ево пишешь безпрестанно, велишь к себѣ въ сходъ итти; и Князь Юрья Алексѣевичь говорилъ: либо де отецъ твой лжетъ такъ пишетъ, а буде и Князь Василей такъ пишетъ къ отцу твоему, инъто не дѣломъ, что де безъ вѣстей по што в сходъ итти. А что Князь Петру Хованскому сказано на службу в Омценескъ, и я того свѣтъ не вѣдаю, что ему итти ли на службу или нѣтъ, вѣдашь ты и самъ каково на Москвѣ, нынче такъ, а на завтрѣе передѣлаютъ инакова. Да отпиши мой свѣтъ отъ себя грамотку къ Князь Юрью брату и бей челомъ на ево жалованье, что далъ Алешинкѣ виноходичка. Да преже сего я к тебѣ писала про сѣнные покосы, что Михайла ключарь не даетъ косить сѣнныхъ покосовъ; и ты свѣтъ мой про то отпиши, гдѣ мнѣ промышлятъ сѣнными покосы. Да и про то я к тебѣ писала прежъ сего, что сказываютъ посолъ Литовской вскорѣ къ Москвѣ будетъ, укажутъ спальникамъ встрѣчать тутъ же, и я не вѣдаю какое платье дѣлать Олешинкѣ или побить челомъ объ немъ, чтобъ ему не встрѣчать; и ты свѣтъ о томъ отпиши подлинно, а какъ онъ в походъ за Государемъ въ Покровское ѣздитъ, и то скажетъ Прокофей Веземской, и преже про это к тебѣ писала. И нынѣ Государь ходилъ въ походъ въ Марючки и въ Соловѣцкую пустыню и Алешенка проводилъ Государя за городъ; и Иванъ Тимофѣевичь объ немъ билъ челомъ, чтобъ его пожаловалъ домой отпустить, и онъ ево пожаловалъ отпустилъ и пожаловалъ ево к рукѣ и тѣшился надъ нимъ и милостивые слова ему говорилъ. Да отпиши ко мнѣ свѣтъ мой приѣхалъ ли къ тебѣ лѣкарь, и всѣ ли мои лекарства к тебѣ привезъ, что с нимъ послала; и отпиши свѣтъ мой ко мнѣ про себя, такъ ли подлинно во всемъ въ добромъ здоровьѣ, и унялась ли у тебя руда гортанью итти, да отпиши мой свѣтъ ко мнѣ не обмановай меня въ прямъ ли у тебя нейдетъ гортанью кровь. Будь на тебѣ свѣтъ мой милость Божія и мое грѣшное благословеніе отъ нынѣ и до вѣка.

(33)

Письмо ему же от жены

Государю моему Князю Василью Васильевичю женишка твоя Дунька много челомъ бьетъ, буди Государь мой здоровъ на многіе лѣта, а ко мнѣ Государь мой прикажи писать про свое многолѣтное здоровье, а мнѣ душа моя слыша про твое многолѣтное здо-

ровье о Христѣ радоватца. А изволишь Государь мой вѣдать
про здоровье Государыни моей матушки, и про здоровье Госуда-
ря моево батюшка, и про здоровье государыни моей матушки, и
про меня, и про дѣтей; и Государыня моя матушка княгиня Тать-
яна Ивановна, и Государь мой батюшка Иванъ Федоровичъ, и Го-
сударыня моя матушка Настасья Ивановна, и я съ дѣтми Іюня въ
29 день живы до воли Божій, а впредь Богъ воленъ. Да изво-
лилъ ты Государь мой писать къ Алешенкѣ, что я къ тебѣ ни
очемъ не пишу; и я Государя за тѣмъ и не пишу, что матушка
к тебѣ обо всемъ пишетъ, и мы Государь за тѣмъ съ ратными
людьми къ тебѣ ничево и не пишемъ, что взявъ (г)рамотку жи-
ветъ на Москвѣ съ недѣлю и больша и в деревняхъ своихъ жи-
вутъ такожъ долго, и мы за тѣмъ дѣлъ никакихъ к тебѣ и не
пишемъ, а з гонцами со всѣми к тебѣ пишемъ обо всякихъ
дѣлѣхъ, и съ лѣкаремъ к тебѣ писали обо всемъ, и с Путив-
цомъ с Воиномъ к тебѣ обо всемъ же писали къ; и ты Государь
мой изволь к намъ о томъ отписать дошли ль до тебя тѣ письма
или нѣтъ, да пожалуй Государь изволь к намъ отписать пришла
к тебѣ шляхта Смоленская, и мы Государь воистинно обо всемъ
къ тебѣ пишемъ. Писавы женьшка Дунька много челомъ бьетъ.

(34)
Докладъ сына боярского Гр. Пущина о допросе Тунгусов по поводу
их недавнего возмущения (1684)

192 году, генваря въ 11 день, въ Охоцкомъ острожкѣ въ ясачной
избѣ приказной сынъ боярской Григорей Пущинъ допрашивалъ Годи-
канского роду оленного Тунгуса Канашанка: за что онъ Канашанко
съ родниками столника Данила Бибикова и служилыхъ людей убили
въ прошломъ во 188 году и казну государскую розграбили, и гдѣ
онѣ государскую казну дѣли и куяки и казачье оружье?
И въ допросѣ онъ Канашанко с родниками сказали: убили де мы
Канашанко съ родниками и съ иными родами столника Данила Би-
бикова и казаковъ за то, что де онъ Данило Бибиковъ нашихъ
родниковъ въ походѣ погромилъ и побилъ, а у иныхъ носы рѣзалъ.
А государскую соболиную казну на побоище розграбили наши
родники и иныхъ родовъ Тунгусы оленные къ: а куяки государскіе
иные есть у нашихъ родниковъ. А иные куяки въ иныхъ родахъ у
Тунгусовъ; а казачье оружье розломали и перековали на стрѣлы,
толко де то оружье роздѣлили на многіе роды. А которыхъ родовъ
были съ ними Канашанкомъ съ родниками оленные Тунгусы на по-
громѣ, и то я Канашанко въ допросѣ своемъ сказалъ кто имяны:
Лелтягирского роду Миндиканъ съ родниками. . . .
И генваря въ 15 день, Годниканского роду оленные Тунгусы
Коношанко съ родниками принесли въ ясашную избу передъ при-
казного сына боярского передъ Григорья Пущина три куяки безъ

наручней и безъ шишаковъ, которые куяки взяли онѣ Коношанко
съ родниками на погромѣ, какъ убили столника Данила Бибикова
съ казаками.

25 Того жъ числа, Ажиганского роду пѣшей Тунгусъ Гокни при-
несъ въ есашную избу передъ приказного перед сына боярского
передъ Григорья Пущина куякъ, полы обрѣзаны, безъ наручней и
безъ шишака; а сказалъ онъ Гокни: тотъ куякъ взялъ де я у пѣ-
шаго жъ Тунгуса Горбиканскаго роду у Абаты за дочерь его Аба-
30 тину.

192 году, генваря въ 21 день, въ Охоцкомъ острожкѣ въ есач-
ной избѣ приказной сынъ боярской Григорей Пущинъ допрашивалъ
казака Кирилка Соболева про государьскіе казенные куяки: сколь-
ко было государскихъ куяковъ въ прошломъ во 188 году изъ Охо-
35 цкого острожку въ отпускѣ за государскою соболиною казною съ
столникомъ съ Даниломъ Бибиковымъ, и тѣ куяки измѣнники Годни-
канского роду Канашанко съ родниками на Удомѣ рѣкѣ убивъ стол-
ника Данила Бибикова съ казаками на погромѣ взяли?

И казакъ Кирилко Соболевъ въ допросѣ своемъ сказалъ: въ
40 прошломъ де во 188 году изъ Охоцкого острожку съ государскою
соболиною казною было въ отпускѣ съ столникомъ съ Даниломъ
Бибиковымъ государскихъ куяковъ 6 куяковъ, да пансырь; и тѣ
куяки и пансырь измѣнники Канашанко съ родниками и съ иными
родами, убивъ столника Данила Бибикова съ казаками, государ-
45 скую соболиную казну розграбили и тѣ куяки и пансырь взяли; а
гдѣ онѣ тѣ куяки и пансырь дѣли, про то я Кирилко не вѣдаю.

(35)

Челобитная царямъ Ивану Алексеевичу и Петру Алексеевичу (1689)

Великимъ государемъ царемъ и великимъ княземъ Іоанну Але-
ксѣевичю, Петру Алексѣевичю, всеа Великія и Малыя и Бѣлыя Росіи
самодержцемъ бьютъ челомъ ваши великихъ государей сироты Куза-
ранской волости старостишко Аверка Григорьевъ и всѣ волосные
5 люди на посадцкого человѣка прошлыхъ 196 и 197 годовъ на ста-
росту своего на Тарасья Ѳедорова. По вашему великихъ государей
указу и по наказнымъ памятемъ сбиралъ онъ, староста Тарасей,
съ насъ силой всякіе ваши великихъ государей денежные доходы и
въ городъ на Олонецъ въ вашу государьскую казну относилъ, а
10 въ платежѣ отписей къ намъ сиротамъ не принашивалъ и сверхъ
вашихъ государьскихъ денежныхъ доходовъ онъ же староста Тара-
сей сбиралъ съ насъ сиротъ многіе денежные поборы и въ росходъ
на какову издержку издержалъ, про то намъ сиротамъ невѣдомо:
въ приходѣ и въ росходѣ намъ сиротамъ счету не дастъ. Да онъ
15 же староста Тарасей въ нынѣшнемъ 198 году за нашимъ мірскимъ
выборомъ взялъ у насъ сиротъ для мірской издержки денегъ двѣ-
надцать рублевъ и тѣхъ денегъ намъ сиротамъ не отдаетъ. Мило-
сердые великіе государи цари и великіе князи Іоаннъ Алексѣевичь,
Петръ Алексѣевичь, всеа Великія и Малыя и Бѣлыя Росіи самодер-
20 жцы, пожалуйте насъ сиротъ своихъ, велите, государи, ему ста-
ростѣ Тарасью въ дву годѣхъ въ приходѣ и въ росходѣ намъ си-

ротамъ счетъ дати и отписи въ платежахъ къ намъ дать, а счесть бы, государи, при насъ въ волости кому вы великіе государи укажете. Великіе государи, смилуйтеся пожалуйте.

(36)

Письмо царя Петра Алексеевича матери, царице Наталіи Кириллoвне
(14 августа 1693 года)

Гасударыне мое^{й} матушъкѣ царице Ната^{ль}е Кирило^{в}нѣ. I^{з}волила ты писа^{т} ко ^{м}нѣ с Васильe^{м} Со^{й}монавы^{м}, что я тебя, Государы^{ню}, опечали^{л} тѣ^{м}, чт(о) о прие^{з}де свое^{м} не о^{т}писа^{л}. I о то^{м} і нынѣ по^{д}ли^{нн}о о^{т}писа^{т} не могу, для того что дажидаю^{с} кара^{б}лей; 5 а ка^{к} анѣ буду^{т}, о то^{м} ни^{х}то не вѣдаe^{т}, а ожидаю^{т} в^{с}коре, потому чт(о) бо^{ль}ше тре^{х} недѣ^{л} о^{т}пущены i^{з} А^{м}стеръдама; а ка^{к} онѣ буду^{т}, i я i^{с}купя, что надабае^{т}, поеду то^{т} ча^{с} день i ночь. Да о едино^{м} мило^{с}ти прошу: чего для i^{з}волиш^{ъ} печали^{т}ца обо ^{м}нѣ? I^{з}волила ты писа^{т}, что предала меня в па^{ст}ву Матери Бо-
10 жіе^{й}; i, такова па^{с}тыря iмѣючи, почто п^{е}чалова^{т}? Тоя бо моли^{т}вами i пре^{т}статeлст(в)о^{м} не точию я еди^{н}, но i ми^{р} со^{х}раняe^{т} Го^{с}по^{д}. За се^{м} благо^{с}ловения прошу.

Недосто^{й}ны^{й}
Петрушка.
15 О^{т} Города, ав^{ъ}гу^{с}та въ 14 д.

(37)

Ответное письмо Натальи Кирилловны

Прелюбезному моему свету, радости моему. Здравст(в)у(й) батюшка мой, царь Петръ Алексѣевичь, на множества летъ! А мы, милостию Божию, живы. Сотвори, свѣтъ мой, надa мною милостъ, приежай къ намъ, батюшка мой, не замешкавъ. Ей, ей, свѣтъ мой!
5 велика мне печаль, что тебя, света своего радости, не вижу. Писалъ ты, радость моя, ка мне, что хочешъ всехъ караб(лей) дажидатца, и ты, свѣтъ мой, видѣлъ которыя прежде пришли: чево тебе, радость мая, тех . . . . дажидатца? Не презри, батюшка мой свет, (мо)его прашения, о чемъ прасила выше сего. Писалъ
10 ты, радость моя, ка мне, что былъ на маре; и ты, свѣтъ мой, обещалъся мне, что было не хадить. И я, свѣтъ мой, о томъ благадарю Господа Бога и пресвѣтую Владычицу Богородицу, объ шею нашу надежду, что тебя, света моего, сахранила в добромъ здрави. Да буди натъ табою, светамъ моимъ милость Божия, и
15 вручая тебя, радость свою, надежде своей, пресветой Богородици, и мое грешная благословения.

www.ingramcontent.com/pod-product-compliance
Lightning Source LLC
Chambersburg PA
CBHW021717230426
43668CB00008B/860